はじめに

本年２月、資料集『武庫川と朝鮮人』(『資料集』(１) とします) を発行しました。多くの方に読まれたことを喜んでいます。その後、新しい資料も見つかりました。いずれも、現在では入手の難しい資料です。

そこで、『資料集 (２)』を発行することにしました。内容は、目次のとおりです。１、２は、『資料集１』で飛田が一部引用しているものです。だいぶ以前にいただいた資料で記憶が定かではありませんが、当時大阪府立大学の三輪嘉男氏から青丘文庫研究会のときにいただいたものだと思います。この２点は、飛田が、兵庫県に情報公開を請求したことがあります。その時は、「存在しない」という回答でした。

３は、発行所の月刊自治研に問い合わせました。そこではコピーまたはデータの提供はできないとのことでしたが、国会図書館デジタルアーカイブで入手可能とのことでした。そしてそれを入手しましたが、不鮮明なものでした。ところが、故高木伸夫氏から飛田が預かっていた資料の中に原本がありました。今回は、その原本から比較的鮮明なコピーをとることができました。(63 頁に活版印刷であったことが分かる部分があります。探してみてください。)

４、５は入手経路について、まったく記憶がありませんが、飛田がコピーを持っていたものでした。資料の検証ができないものですが、参考的に収録しました。

『資料集』(１) とあわせて、本資料集が、「武庫川と朝鮮人」について、更に深く知るために役立つことを願っています。(『資料集』(１) がＢ５版で読みにくいとの意見を聞きましたので、今回はＡ4版としました。『資料集』(１) の目次は 91 頁に再録しました。)

２０２５年3月２８日　飛田雄一

＜　目　次　＞

武庫川不法占拠措置の記録

兵庫県河川課

飛田雄一編

資料集「武庫川と朝鮮人」（2）

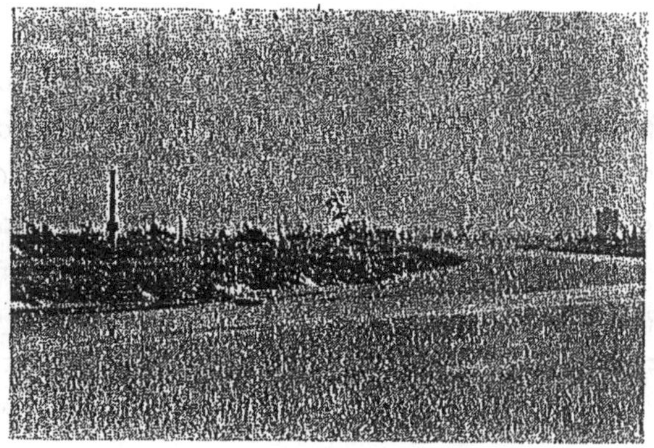

目　次

序

武庫川はその清流に老松の影をうつして、限りなく発展する阪神の中央を貫流する県下有数の河川であります。戦後の武庫川は深刻な住宅難が起因して、その河川敷には、次第に雑然とした不法集落を形づくり、河川本来の機能がそこなわれ大きな社会問題として、この除却を迫まられていました。去る昭和35、年16号台風の来襲を契機に、一せい立ちのきをさせることに踏み切り、以来関係職員の2ヶ年余にわたるなみなみならぬ労苦と、各方面の理解と協力によって、この大きな仕事をなしとげ、往年の美しい武庫川の姿を再び取り戻し、さらに河川公園の計画がすすめられ、近い将来において、阪神工業地帯の緑の広場となり人々の憩の場として、永く愛され親しまれることでしょう。

今回のこの措置は、県として必要な行政措置を行なったのでありますが、また同時にここから立ちのかれた人々にも〝居は気をうつす〟という言葉のとおり自力更生の機会となったことを、心から喜ぶものであります。

政府においては、生活の谷間にあえぐ人々に対する施策として、近く大阪の釜ヶ崎、東京の山谷に鉄筋4階建低家賃住宅の建設を進めるもようでありますが、住宅難の解決には国も県も市町村もしっかり手をとり合いこの施策を強力に押し進め、このような行政措置のなくなる日の一日も早からんことを祈ってやみません。

昭和38年3月

兵庫県知事　金　井　元　彦

除却後の高水敷

■ はじめに

武庫川の河川敷における不法建物は、幾多の問題を含み、その除却は多年の懸案で、河川管理者である知事は勿論、関係各市共通の悩みとして、ことあるたびに、この解決を迫まられていたが、たまたま昭和35年8月29日台風16号の襲来が契機となり、一せい除却に踏み切ることに決定された。

しかし戦後十数年を経てわが国の経済は驚異的な成長を示し、国民の生活水準も著しく向上したとはいえ、国民所得の格差、住宅事情及びこの不法集落が、全国的にも他にその比を見ざる大集団であること等を考えるとき、一歩この対策を誤れば大きく政治問題化する事件として、建設省等中央においても、他の都道府県河川管理関係者ひとしくその成り行きを注目したところで、この解決には大きな困難が予想されたのであった。

武庫川ぞい数十万の人々の生命財産を水の脅威から守り、厳として法の秩序を保とうとする知事の決意が示めされるや、副知事以下直接これに関係した職員は、度々会合を重ね周到な除却計画をたて、この対策推進には血のにじむような苦労を重ね、各方面の協力を得て、遂いにこの不法集落の一せい除却に成功することができた。しかもやむを得ず代執行により除却したものは、全体のわづかに10％で、残りの90％の世帯は当初の目標どおり、説得による自主立ちのきであったことは、特筆すべきことであろう。

この除却対策の跡を顧りみて、その一つ一つを取り上げれば、やはり反省を要する点もあり、また将来の不法占拠の除却対策上、多少の参考にもなろうと考えられるので、この行政措置が完了した機会に武庫川不法占拠対策の概要を取りまとめた次第である。

■ 1 武庫川の概要

武庫川はその源を県内丹波篠山町附近に発し、三田盆地を貫流して有馬、羽束川を合せ、けい谷部をへて宝塚市より大阪平野に入り、尼崎と西宮の市境を流れて海に注ぐ延長64km余、流域457km²の県下における有数の河川で、河川法準用河川に認定されたのは大正6年3月である。河口から約15kmの平坦部は大正末期から昭和初年にわたり、309万余円をもって現状のように改修されている。巾員は下流は大体において200mから230m程度であり、その断面は複断面をなし、低水敷は約100m、高水敷は両岸とも50mから70mの巾をもっている。

堤防は河口から1.5km程は、高潮対策事業によってコンクリートで張立てられているが、その他は土堤であり、天端はほとんど道路として使用されている。堤防と高水敷は、かつては松林を形成していた処が多かったが、戦中戦後の濫伐により、今はわずかにその面影をしのばせている。堤防は既に老化現象を示している処もあり、洪水時に溢水するところも数ヶ所におよんでいる。

河口から10kmの伊丹、宝塚市域に入るヶ所は河川敷もすこぶる広く、低水敷だけでも200m程の巾を持ち、右岸側の高水敷はほとんど埋立てられて、本堤は道路として残っている。左岸も埋立てを免許されているヶ所が多く、一部本堤法線も不整であって、地形的に高い所もあり、河川敷の境界が明瞭さを欠いている。また堤外民有地の敷も多いのもこの地区である。武庫川に沿う都市は平坦部に

位置図

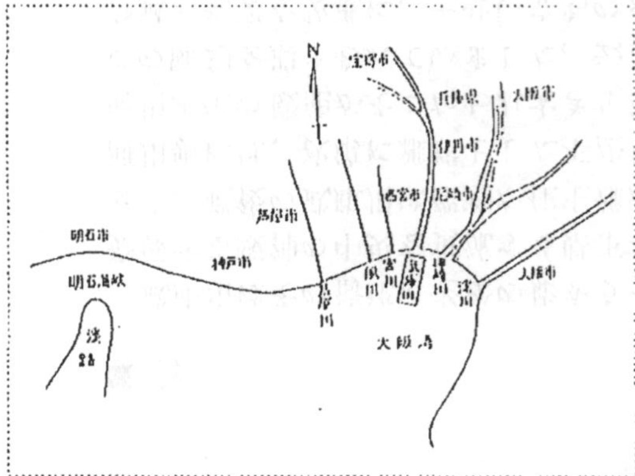

見 取 平 面 図

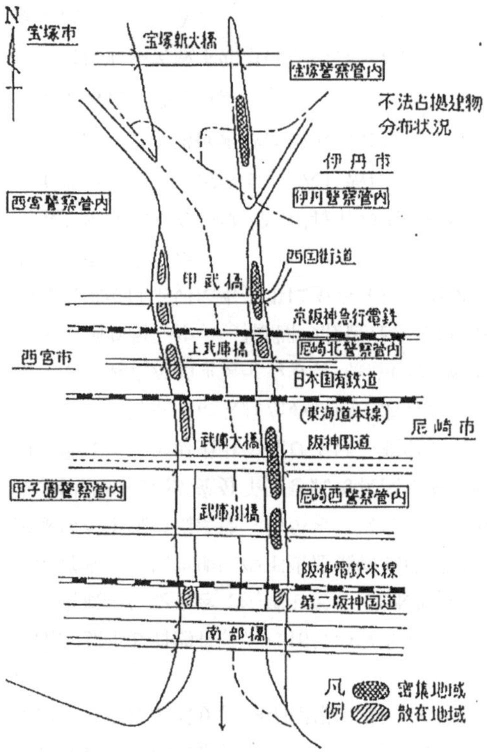

入ってから、宝塚、伊丹、尼崎、西宮の4市がある。その都市の性格も工業都市、住宅都市、田園都市、観光都市とそれぞれ異っているが、川に沿った部分は大体において尼崎、西宮市は住宅地、伊丹市は耕地、宝塚においては上流両岸は旅館街、下流部は右岸は住宅、左岸は耕地が主になっている。

■ 2 不法占拠住宅取締りの経過

昭和20年終戦を境として、社会事情の急変によって、武庫川の流域、とくに阪神間の土地利用度の高い区域の河川敷に建物を造り、居住するものが次第に増加してきた。これは社会事情の悪化もさることながら、戦時中及び終戦後の食糧増産のため、河川敷の耕作も黙認されたことなどから、取締りの実もあがらず、加うるに敗戦の冷たい現実に国民一般に法軽視の風潮さえ生じたことなども、見のがし難い原因の一つであろう。

尼崎市の国道橋下のバラック建築に始まった不法住宅は、その後増加の一途をたどり、これがついに西宮、伊丹、宝塚の河川敷にも波及して、昭和33

年には、約600世帯、2,000人を数えるに至った。

この間直接これを担当した西宮土木出張所は、新しい建築を発見するたびに立ちのきの勧告を行ない、監視を厳にして建築が終らぬうちにこれを阻止するなどの、努力を続けたが、夜間に建築するものもあって、かなり強化されていた河川管理職員も、当時各所でおこった砂利盗採の取り締りに総力をあげており、この対策に充分手が廻らない状態であった。

総　括　表

	単位	所属市				計
		尼崎市	西宮市	伊丹市	宝塚市	
建物棟数	棟	413	96	161	142	812
世帯主	世帯	461	69	50	104	684
居住者人員	人	1,265	249	241	420	2,175

出身地別分類表

	世帯数	人員	棟数	世帯割合
内地人	506	1,538	565	74.0%
沖縄人	41	108	57	6.0
韓国及朝鮮人	137	529	190	20.0
計	684	2,175	812	100.0

職業別分類表

	所属市				計
	尼崎市	西宮市	伊丹市	宝塚市	
よせ屋	22	3	0	0	25
ひろいや	179	20	0	0	199
日雇	68	19	15	32	134
土工	26	0	5	11	42
その他	110	41	33	34	218
無職	34	5	6	21	66
計	439	88	59	98	684

しかし不法占拠に対する非難の声は日増しに強く、砂利の盗採も再度に及ぶ検挙や、バリケードの完備などによって、下火となったので、その方針を不法占拠対策に集中することとし、昭和33年6月25日、知事名をもって、居住者各人に対して、建物の除却と、立ちのきを勧告するとともに、人員の増加、機動力の増強等取締り体制の強化をはかったのである。

勧告はなんらの反応も示さず、なお不法建築は増加の傾向が続いた。その対策としては法に基き、行政代執行をもって除却することも考えられたが、居住者の生活実態からして極めて困難な問題で、客観情勢に変化を見ない限り、強制除却にふみ切ることは不可能な状態であった。そのため一応これ以上増加させないよう現状維持に意を用い、さらに巡廻監視を厳にして、不法建築の早期発見につとめ、違反者を発見したときは遅滞なく建築の終らないうちに除却するなどの、強硬手段をもって不法占拠の未然防止に努めてき

昭和35年16号台風出水状況

た。このようにして33年勧告以来35年７月までに建築中に発見、除却したものは135件におよんでいる。

おりしも33年の夏、尼崎地区の河川敷において集団赤痢が発生し、１名が死亡する事件があり、不法占拠に対する批判は、さらにきびしくなってきたのである。

昭和35年８月29日、台風16号の襲来で、武庫川上流部の雨量は400㎜にも達し、警戒水位を大きく突破して、高水敷は河口より６㎞にわたって１ｍから２ｍ冠水し、尼崎地区の不法建築物23戸（居住者69名）が流失した。この流失家屋が下流の橋にひっかかった場合は水位の急上昇によって、橋梁の流失、堤防の欠壊が充分予想される状況であった。当時の状況では堤防上に、河川敷住民が家財道具を運び上げ、避難しているため、交通不能となり、万一の場合水防活動に入れない状態であった。しかも堤防はさきに述べたように、既に老化が始まっており、戦時中の管理の不充分に加えて、不法占拠者により掘り起しや、昇降路の設置などで傷めつけられ弱体化しているので、16号台風では幸いにも大事に至らなかったが、現状のままでは万全は期しがたい状態であった。

もし破堤したならば表六甲特有の天井川である武庫川の濁流は、数メートルも低い堤内地に流入し、人口密度の高い住宅地と、年間数千億円の生産を誇る尼崎工業地帯は水魔に踏みにじられ、人的物的の損失は計り知れないものがあったであろう。

ここにおいて阪本知事は、この重要事態に対し緊急部長会にはかり、事態はもはや猶予できないとして、次の出水期までに一斉除却するとの、最高方針を決定、県の総力をあげて、あらゆる障害を克服して実施する決意を固めたのである。

除却前の高水敷の一部

3 除却対策の基本方針

（１）除却対象世帯

堤内側は今回の対象より一応除外し、堤外居住者とする。684世帯（2,175人）

（２）自主立ちのき指導

イ、不法占拠ではあるが現実の問題として、河川法による代執行のみで除却することは、現在の社会状勢から考えて、無理な点があるので県の総合行政的な見地から、企画部、民生部、商工労働部、衛生部等が積極的に協力すること。

（住宅、厚生資金等の融資、民生保護の面で救済措置を関係部課において研究したが、何分にも対象者が多数であることと。不法占拠者である事実が支障となり適当な方法を、見出すことができなかった。）

ロ、一般県民の納得する程度の移転資金（一世帯平均５万円）を考慮し、この支給を条件に自発的な立ちのき指導を、繰返し強力に行いながら併せて代執行の手続きを進める、（応じない者に対しては、移転資金を支給しない。）この資金は表向きには貸付金という。

ハ、不法建物の立ちのき指導及び代執行は、河川管理者の知事が担当するが、関係各市も市の立場から協力する。

具体的には、市民相談の立場で、土地、貸家、貸間のあっせん、既設の厚生収容施設等への入居あっせんなどを行うとともに、前述の移転資金は県2、関係市1、の割合でそれぞれ分担する。

（3） 代執行の実施

イ、あらゆる方法をもって自主的立ちのきをすすめても、なおこれに応じない者に対しては、行政代執行をもって強制除却する。

ロ、被執行者に対してはテント張りの収容所を設置して、期限を定めて収容する。

ハ、収容所に収容したもののうち、生活保護法の被保護世帯を対象として調査を行ない、自立能力が全くないと認められる者に対しては、簡易住宅を建設する。

（4） 報道機関の協力

新聞、ラジオ等の協力を得てPRに努め、世論の支持を得ることに努める。

■ 4 法律上の問題点と代執行手続き

（1） 除却代執行に関する法的根拠

イ、法令違反の事実

武庫川は大正6年3月5日兵庫県告示第86号によって、河川法第5条に基く準用河川として認定している。

しかして、今回の代執行は河川法第17条（無許可工作物の築造）第同18条（無許可占用）、河川附近地制限令第4条第3号（無許可建物）に違反し、現住民も一般県民もその不法行為を認めている。

ロ、建物除却の必要性

治水上その他の理由から建物除却の必要性がある点については前述のとおり。

ハ、代執行にいたるまでの手続き

除却命令（河川法第22条）	発令月日	S 36. 4. 25	45日
	期　　限	S 36. 6. 10	
除却戒告	発令月日	S 36. 6. 11	30日
	期　　限	S 36. 7. 10	

除却代執行（河川法第52条）	発令月日	S 36. 7. 14	
	代執行の時期	S 36. 7. 28	15日
		S 36. 8. 11	

（2） 法律上の問題点

イ、河川敷地と河川附近地の無許可建物の除却は、河川法第52条の規定のみを根拠として行なうことができるのか、または行政代執行法の規定により行なうのか。

ロ、当該行政行為に当って義務者が明白にこれを拒む意思表示（受忍の拒否）を行なった場合でも代執行を強制することができるのか。

ハ、代執行に当り家屋の柱等にしがみついて出ないため、直接強制をしなければ事実上代執行が不可能となるがこの場合、合法的にどのような手段があるのか。

ニ、代執行令書未交付者に対する代執行は許されるか、また受命者が既に移転し代執行当日第三者が居住している場合執行ができるのか。

（3） 問題点に対する解明

イ、第一点について

河川法第52条は「私人ニ於テ此ノ法律若クハ此ノ法律ニ基キテ発スル命令ニ依ル義務ヲ履行スルモ必要ノ期限内ニ終了スル見込ナキトキ又ハ其ノ履行ノ方法宜キヲ得サルトキハ主務大臣若シクハ地方長官ハ自ラ之ヲ執行シ又ハ第三者ヲシテ之ヲ執行セシムルコトヲ得」と規定し、いわゆる河川法上の代替作為義務不履行に対する代執行を強制する手段としているのである。

しかし河川法第52条は、代執行に関する手続きに関しては何等の規定もなく、また行政代執行法の準用規定も存在しない、とすれば如何なる手続きによってこれを行なうべきか。

河川法が制定施行された明治29年4月8日から旧行政執行法（明治33年）施行当時まで、どのような手続きがとられていたかは資料もなく不明である。

しかし「河川法第52条の代執行は行政代執行法の手続きを準用して行えばよい」（田中二郎著行政法総論 P—388）

「河川法には手続き規定がないので行政代執行法の手続きに準じて行なうことを妥当とする」（建設省河川研究会編、河川法 P—262）
等を参考として河川課の行政解釈は。

◎「行政上の義務の履行確保に関しては別に法律で定めるものを除いては、この法律の定めるところによる（行政代執行法第1条)」とあり、河川法第52条の規定は行政代執行法にいう「別に法律で定めるもの」に該当する規定であるから、あくまでも河川法第52条が代執行の根拠規定であり同時に手続きをも含んでいると結論し、その手続きは行政代執行法に準じて進めることとしたのである。

（注） 河川法改正の際に一般法の準用規定を設けなかったことは法の不備と云わざるを得ない。

ロ、第二点について

代執行は論ずるまでもなく代替義務不履行に対する対物執行であるが、これに対し拒否の意志表示があった場合直接強制となり、個々の法令に特に認められている場合のほか、現行法上では執行不能となりはしないか、という疑問が残る。

これについて学説は、「直接強制は実力をもって義務がなされたと同一の状態を実現する点で代執行と類似しているが、代執行が義務者のなすべき行為を代って実行する作用であるに対し、直接強制は直接に義務者の身体、財産に実力を加えてその義務が充たされたのと同一の状態を実現する作用である点において異なる。

例えば移転すべき家屋を移転しない場合、行政庁が代ってこれを移転させることは代執行であるが、行政庁が実力をもって家屋を破壊して、義務の履行があったと同一の状態を実現する作用は直接強制である」（和田英夫著例解行政法 P—245）

「本来、代執行は執行の相手方の受忍を前提として行なわれるものと考えられるから義務者が代執行の受忍を拒む場合において、その執行が警察力等を伴って実施されるときは、もはや代執行の域を越えたものと認めざるを得ないと解される」（田沢文雄著実例判例行政法 P—159）

と述べている。しかし田沢氏は前掲の書物 P—160において「近来の社会の風潮によれば、明らかに故なく又は何らかの意図のもとに、他の暴力を頼んで行政権の執行を妨害することがある。かようの場合においても、なおかつ行政庁は手を拱ねいて、これを看過しなければならないのであろうか、問題がない訳ではない」として前に述べた学説に対し否定するような問題点を特に掲げていることは注目すべきである。以上のようにこれらの学説も、受忍の義務がないとは云っていない。

これについて河川課の見解は、

◎正当な法的手続きにもとづいて行なわれる代執行には受忍の義務が生じる。

代執行は除却命令により、義務者に除却義務の履行を命じても、その期限までに除却しないので、代執行令書を発してこれを代って行う行政処分である。したがって代執行令書交付とともにその除却義務は消滅したとみるべきで、これと反対に行政庁は除却する権利が発生することとなるので相手方は受忍の義務があり、正当な理由なくしてはこれを拒むことはできない（今回の場合は建物の除却によって住む家がないとか、行き先がないとか云うことは、県で仮収容所を設けるので正当な理由とは云えない）と結論した。

県警当局においても河川課とほぼ同様の見解で特に警察が出動することは、代執行を補助するものではなく、代執行を行なう段階において違法行為が発生するおそれがあるので、その警備警戒のためであり、学説にいう代執行の協力とか援助ではないとの解釈をとっていたが、この解明は慎重を要するため直接警察庁にその解釈を求めたのであった。

警察庁回答（法制局と打合せ済み）は

◎ 行政行為について受忍の義務はある。受忍を拒否した場合は対人的執行ができないが、対物代執行は有効である。この場合対人強制は代執行とは別に法律問題で処理する限り問題は生じない。（例 警職法第4条）とのことであった。

この回答により確信をもって予定の代執行に踏み切ったのである。

ハ 第3点について

前項に述べた如く、代執行は義務不履行に対する対物執行であるから、所間のような場合事実上代執行は不可能となるので、警職法第4条に基づいて処理されるものとすれば問題は生じないと結論した。

（注）代執行に着手したため、居住者に危険が切迫し、警職法第4条の要件を充たすような事態になったとき、代執行を一時中止せしめ、居住者を避難させる等の措置をとることができる。（警察庁指示による法解釈）

二　第4点について

（事前に代執行令書の交付を行なったのであるが、多数人による妨害のため未交付20世帯があった。）

行政代執行法による手続きは、相当の履行期間を定めた戒告（法第3条第1項）、この戒告による指定期限内に義務者が不履行の場合において、代執行令書による、代執行をなすべき時期、代執行のため派遣する執行責任者、除却費用を通知する（法第3条第2項）こととなっているが、この手続きの意義は、詳細な通知をなすことにより慎重を期し、任意に義務の履行を重ねて督促するところにあると解される。これについては具体的に解説した文献は見当らないが、代執行は代執行令書の交付が前提要件であることは当然と考える。しかし既に交付した令書の内容を現住民が知り、衆をもって交付を妨害するのであるから、執行当日差し置き交付の形で法の要件を満たしたとすれば無効ではないと解し、高芝顧問弁護士の意見を求めたが、一致したのでこの方法で手続き及び代執行を実施した。

所間後段に、代執行当日に受命者が移転し、そこに第三者が居住している場合、執行できるか、の点であるが、民事の場合は承継執行文（民訴第519条）を必要としており、これに準ずるべきと思われる。

したがって可能な限り、代執行の場合にも居住者を確認し令書を交付すべきであるが、今回の場合は命令書交付以来連日この集落に出入して、立ちのき指導を行なっており、住民はもとより付近一般住民も行政処分手続き中であることを知っていた事実は、万一このような者があっても当日交付することで足りるものとした。

■ 5 撤去指導の経過と代執行までの経緯

不法占拠住宅は河川法に違反するにとどまらず、他の法令にも反し、これらの建物の存在が公益を害する度合は、治水の点が最も大と認められるので、その撤去の根拠法としては河川法一本にしぼることに決定した。従って土木建築部河川課が主体となり、西宮土木出張所とともにこれを直接担当することとなった。

しかし、この不法住宅は河川管理上のみならず、県の総合行政的な面が多く各関係部課の協力が必要となるので、この連絡調整に企画部辻下参事が当ることとなった。

この特命事項の処理に万全を期するため、副知事を中心に各関係部課長をもって構成する委員会も考えられたが、これにかえて随時必要に応じて会合し、衆知を集め意見統一をするという体制を整のえ、とくに情報の収集とこれに基づく適確な情勢判断に資するため、河川課において詳細な報告書（旬報）を作成配布することとした。

現地の土木出張所には河川管理職員を増員し、小松所長のもとに特別班を設け、藤田主事以下8名がこれに当ることとした。この仕事の主体をなす河川課は、矢野課長（昭和36年4月まで小林課長）これを統轄し、直接担当者としては、主、中山課長補佐、副、山根主事を当て、全般を金光土木建築部長が総轄することとなった。これは機構上当然のことであるが特命事項に取り組む強力な体制を整えたのである。

方針決定後、時を移さず現地の実態調査を開始した。調査は番号を付して、本籍、職業、家族の状況、収入等を台帳に記入し、これに建築物の写真を添付した。調査後の移動が激しいので各建物にナンバープレートを打ち、台帳は正副2通を作成し、集計したところ昭和35年10月現在で684世帯、2,175人が居住していることが明らかとなった。

その内訳は別表（P—4）のとおりである。

なお年令別に見ると60歳以上の老人が214人、19歳以下の未成年者が905人居住しており、これらのものが総数のなかばをこえている。また生活保護受給世帯も百余世帯であった。

立ちのきの勧告については、昭和33年6月についで昭和35年台風16号の直後に、被災の見舞状を兼ねて、再び文書をもって各戸に行なったが、反応は見られなかった。

検討に検討を重ね、準備もようやく整って、翌36年4月にはいよいよ撤去に着手することとなり、まず建物除却と立ちのきの命令書を4月25日付で発し、6日間にわたり各戸に交付した。交付は各戸を訪問して手渡し、不在の場合は再び日没に訪れて交付した。交付に際しては受領印を徴することとしたが、拒否するものもあり、写真を撮影して後日の証拠とした。

命令書の交付はかなりのトラブルもあったが、5月2日に完了をみた。この当局の強い態度に対して、住民側もグループを組織して、命令書の返却や、土地、住宅の供与など、強い陳情が行なわれ、予想されたように反対運動もかなり激しく前途の多難を思わせるものがあったが、6月10日付の期限付命令書の内容に、かなりの動揺の色もみられたので、この時期において貸付金等の立ちのき条件を示すことを定め、さきに決定の1世帯当り平均50,000円のうち、まず35,000円を貸し付けることとした。5月11日西宮土木出張所に、グループの代表を各別に招き、貸付金額を示し県の不動の方針を説明して、自主的に移転するよう説得に努めた。各代表とも、民主的な解決策でないことを強く非難したが、とにかく不満であるが貸付金の出ることは伝える。立ちのきの意志のあるものに対しても、圧力でこれを阻止するようなことはしないという言明を聞くことができた。貸付金の発表を契機に、住居を取り壊し立ちのくものも出始めた。しかしまだ大勢としては、グループの交渉および外部団体の支援による圧力によって、貸付金の増額等を期待してか、まだ目立った影響を見るに至らなかった。

これよりさき、4月25日付の命令書交付の前後にかけて、まず関係市選出の県会議員（15名）及び県会土木建築常任委員会に対し、今までの経過と当局の基本方針を説明して協力を求め、ついで各報道機関にも同様協力方の依頼を行なった。

除却指導にあたった西宮土木出張所の特別班は実態調査、命令書の交付と、

今までも身の危険を感ずることもしばしばであったが、長期にわたりくり返し行なった立ちのき説得は、とくに苦しいものがあった。各グループの代表に対する申し入れのみでは、周知徹底しない点もあり、また代表者の意志によっては、県の方針を曲解されるおそれもあるので、担当職員2、3名が1組となり居住地に入り込み、各戸に対して個別説得を連日繰り返し行なってきた。この間、移転先のあっせんはもとよりその他一さいの生活相談、働き口のあっせんを行ない、西宮土木出張所の入口にはこれ等の人たちのために担当者の発案で、募金箱も備えつけた。しかしこうした努力や思いやりも一部には通ぜず、つるしあげ、脅迫などの妨害を受けたことも多かった。河川課もこの説得には連日2、3人を現地に派遣し、日々現地の状況を報告せしめ、この対策の中心となった担当者もできる限り、現地に出向き各グループの代表者等と接して情勢の判断に努めたのであった。

自主的に退去したものは、5月末で命令書手交者684世帯に対し、わずかに34世帯であったが、これまでの各グループの激しい陳情、抗議に対しても県の態度が不動であることや、担当職員が繰り返し行なった説得によってがんばることの無意味なことを覚るものがしだいに増加するに至った。

5月30日この河川敷の□（□グループの一つ）所属子供会約30名は、□に引率され宝塚動植物園を見物したが、これは立ちのき期限もいよいよ迫まり、近くそれぞれ別れて行く子供たちのために、かねて集めていた浄財をもって、なぐさめ励ます催しであった。また東京"アリの町"創始者の一人であり全国各地の貧困者の、救済事業に力をつくしているゼノ一老神父は今までにも、この人たちを訪れ励げましたことがあるが、武庫川の立ちのきを伝え聞き東京の子供たちに呼びかけ、浄財を集めて持参し5月31日西宮土木出張所長にこれを寄せるとともに、市民にも愛の基金をつのり6月4日子供のために、武庫川大橋下で別れの運動会を開き子供たちをなぐさめた。こうした善意は市民の間にもこだまして、市内造園業吉永氏が自家用3輪トラックを提供し、引越しを手伝ったのを始め市民の善意も続々よせられるにいたった。

担当職員の誠意ある立ちのき指導や、一般市民の好意が住民にも通じ、よ

うやく好転のきざしが見え始めた。しかし早く出たものが損をするのではないかとの気持も一方にはあって、これが早期立のきをはばんでいるように見受けられたので、もしこれ以上貸付金を増額するような場合には必ず立ちのき先へ届けると、確約するとともに、立ちのく者に対しては県のトラックを出して協力した。6月10日命令書の期限までに立のいた者は63世帯であったが、6月20日には128世帯、6月30日には318世帯と急速にその数を増していった。

命令書の立ちのき期限がきたので、7月10日までの期限を付して、除却戒告書を発することとし、さきに決定した移転資金の残額（平均15,000円）を、戒告書に示す期限までに立のいた者に限り、立のき奨励金として合せて支給することを発表することとし、これまでの移転者にも追加支給を行なった。戒告書の交付には一部の抵抗があったが、適切な警備によって、無事6月14日予定とおり交付を完了した。

6月26日には梅雨前線による集中豪雨が、神戸市を中心として降り続き、世論のきびしい批判を受けた宅地造成地の大災害が発生し、武庫川の水位も、前年の16号台風のときと、同じ程度に上昇し、再び不法住宅が水没した。このことも早期退去に拍車をかけたようであった。

この反面強硬派の反対運動は、支援団体のバックを得てますます激しくなり、このグループは当初は尼崎、伊丹、宝塚に各一つづつであったが、この頃にはこれを合せて、武庫川立ちのき対策連合会を結成し、人道面の主張を強く打ち出して、県の施策に対し真正面からぶつかる態勢を見せてきた。

これまでは陳情や、抗議についてもすべて土木出張所と河川課でこれを受け、どんなに迫られても、知事の方針が不動であることを理由に、知事に対する面会の強要をしりぞけてきたのであるが、これ以上知事面接を拒んではむしろ硬化することも考えられたので、7月1日グループの代表者と副知事の面接を行なったのである。陳情書の要旨は従前と全たく同じであって、土地、住宅の提供、融資のあっせんをはげしく迫ったが、副知事は条理を尽くして県の考えを説明して、面接を打ち切ったのであった。7月7日に至って、これらグループの居住者と支援団体の役員等が大挙して知事に面会を要求し

て来庁し、拒絶されると、面会するまでは帰らないと知事室廊下に座りこみ、退庁時になって退去の勧告を行なったが、約20名がこれに応ぜず泊りこみ、翌々日曜日の9日には炊事道具までも持ちこみ、廊下で自炊を始めようとして守衛に阻止されるということもあった。7月10日に至り、さらに応援も加わり、県政にも支障をきたすにおよんで、知事も意を決して、強制退去にふみきり、退去命令を発したのであるが応じないので警察の出動を要請した。警察側は直ちに立ちのくよう警告を発するとともに引き続き説得に努めた結果ようやく庁内から一たん退去したのであるが、かれらはつづいて、県庁前空地に集合、大会を開いて気勢をあげた後ち、テントを張り、スローガンを大きく掲げて、長期座りこみの体制に入り10数名の要員を残して引き上げた。

この間も各関係部課や関係市役所及び警察との打合せを続け、代執行による強制撤去は必至のものと考えられ、この計画も具体的となってきた。

一方自発的な立ちのきも、しだいに進み、戒告期限の7月10日には401世帯になり、残るは283世帯で、まずは計画に近い数となってきた。この頃になるとさきに立ちのき指導に応じ移転した人たちから、多数感謝の便りが届けられた。なかでも西宮土木出張所に寄せられた便りには、「こんどの立ちのきは、私の人生に再起の決意を与えてくれました。人間一度落ち込んだ生活をすると、なみたいていの努力では立ちあがれません。私自身水害の恐ろしさや、息子の将来のことを思うと夜も眠れぬこともしばしばでした、このたびは皆さんのおかげでやっと一人歩きができ、希望に燃えています。引越し第一夜を新住居で迎え、久しぶりにぐっすり眠りました。荷物を運んで下さった吉永さんの好意にも深く感謝しております。"ドロ衣裳つけたメダカの初泳ぎ〃ドロの中に冬眠していたメダカも春の水に浮いて、初泳ぎしたという句ですが、現在の私の姿を連想し、うれしさでいっぱいです。」と喜びの文字が綴られており、連日立ちのき説得にけんめいの全職員を力づけ励ましたのである。

計画どおり自主立ちのきはまず成功したと考えられたが、なお230余世帯が残っており、これに代執行令書を交付することになるが、代執行の実施ま

でに相当数立ちのくとしても、おそらく200世帯を対象に考えなくてはならなかった。

このような代執行は本県はもちろん、全国的にも始めてのことであり、この対策については特に慎重な検討を加えたのである。支援団体（別表）の状況から見て、実施に当っての人員の配置、資材の手配、仮収容所の設置、警察の警備等を考え合せ、会議を重ねて、代執行を２回に分けて実施することにした。第１回は治水上最も危険な区域で建物も密集し、かつ抵抗の本拠と目される国道武庫大橋付近とすることを決定した。時期については７月28日から８月11日まで15日間の巾をもたせ、分割の件については極秘とした。この二つの決定は支援団体の行動を考慮に入れたことと、予想される地区グループの応援隊を各地区に釘づけにして、抵抗を排除して第一回の代執行に成功、残る伊丹、宝塚地区の解決策を見出そうとする意図によるものであった。

執行責任者には土木建築部長が当ることとなり、これについての代執行令書を７月14日付で発することを決定し、令書の交付を始めた。

（別表）

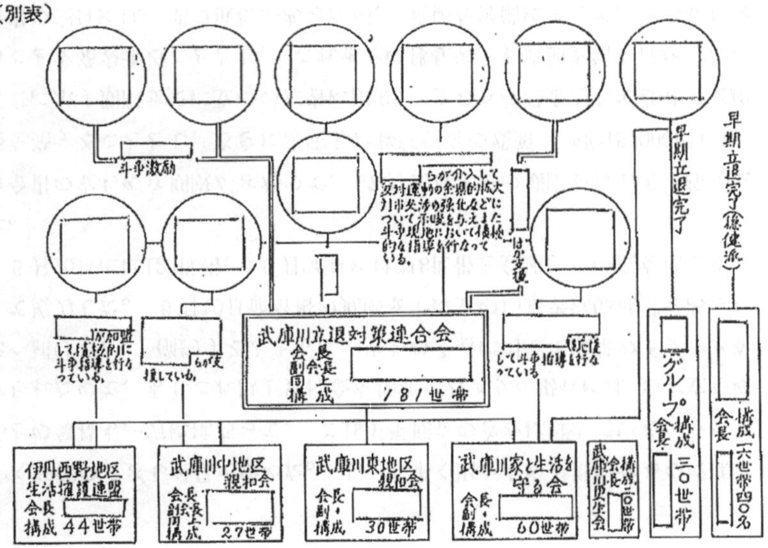

この交付は17日、18日の２日間で終る予定で、第１日目は宝塚、伊丹警察署管内の上流部132世帯に対し、県職員20名を４班に編成、警察官警備のもとに、午前10頃より交付を開始した。午前中は比較的順調に進んだが、午後に至り受領拒否者による妨害があり、交付は困難となったが大事とならず、一応予定どおり完了した。翌18日は尼崎市域に交付する予定であったが、住民側もこれを察知し、現地の情報は極めて険悪で、強行する場合流血の惨事も予想されたので、交付は一応延期することにした。

19日には17日に交付した令書を返上するため、白ハチマキで約40人が県庁に押しかけ抗議文とともに令書を返上して引きあげる事件があった。翌20日早朝５時半、７班編成の職員40名は、警官警備のもとに６時頃より交付を開始した。尼崎市内、国道武庫大橋下流には外部支援団体11本の赤旗が立ち並び、川原には天幕をはってこれらのたまりとしていたが、ドラム缶などを叩いて住民を集合させ、強力に交付阻止の行動に出たので、抵抗を避けながら差し置き送達の方法で交付し、その状況を写真に収めて後日の証拠とした。

立ちのき連合会においては、当日早朝目しように迫った代執行に備え、武庫川大橋南側（不法集落内）に、テント張りの闘争本部を設け20名余が詰めかけ、さらに同本部南側には高さ約５mにおよぶ見張櫓を立てて気勢を挙げていたが、時間の経過とともに応援団体も増加し、係員に詰め寄り天幕内に連れこんで、つるし上げるなど、険悪な空気となった。小づきまわされてシャツを破られる係員も出るにおよんで、警察官が出動し係員を救出したが、予定の86世帯に対して、66世帯に交付したのみで、残りの20世帯は、交付不可能となりそのまま引揚げるのやむなきに至った。

その後これに屈せず数回にわたり、交付をこころみたが現地はますます不穏の情勢にあり、交付は全く不能となったので、協議の結果執行当日交付することに決定した。

21日以降も執行令書の返上、県の措置及び警察官介入不当などの抗議が、県庁や西宮土木出張所、県警本部、所轄警察署に対して波状的になされたが、23日にはこれらグループの代表を県に招き、県の強い方針を伝え、立ちのきに応じるよう最終通告を行ったのであるが、闘争本部にあっては代執行を実力で阻止するため、竹槍（長さ約1.5m）40本、目つぶし（石灰と砂を混ぜて紙で包んだもの）多数を準備する等除却代執行期日の切迫とともに、次第に緊迫したふん囲気を醸成してきたのであった。

24日には代執行の実施について最終的な打合せを行なうため、神戸地方検察庁公安部長検事外3検事、県警察本部警備部長、課長等、各関係警察署長、課長等の出席を得、当局側は、阪本知事海外出張中のため、金井、知事職務代理者、代執行責任者金光土木建築部長、関係課長等、西宮土木出張所長外の総数約40名が出席し、極秘のうちに実施当日の打合せ、とくに現地の情報に基づく、警備態勢と除却方法や、住民に対する給食、病人の処置など細部の打ち合せを行った。

翌25日は県警警備課長を通じ、神戸地検公安部長検事より、代執行の法的手続きにつき検討したいので、出頭願いたい旨の連絡があり、河川課中山補佐外2名及び、企画課法規係1名が同地検に赴むき、公安部長検事、担当検事、西宮、尼崎、伊丹の各支部長検事、県警警備課長、担当警部、に対して今回の行政代執行の法的根拠、法手続き等につき詳細説明した。これに基づき検察側も一々討議されたが、特に問題となったのは、代執行に当り相手方が明白な反対の意示表示を行なった場合でも、代執行ができるかどうか（代執行受忍の義務ありや否や）の問題につき長時間討議が続いたが、慎重を要するので、明26日に持ち越すこととなった。この代執行受忍義務の法解釈については、事実上代執行の実施をあやぶまれるような一部の学説もあり、また河川敷住民側に［　　　　］がバックしているとの情報もあったので、検察庁も特に慎重な検討がなされたのであった。

翌26日もこの問題の討議に終始したが、県としては現実の問題として被執行者が除却されることを好まず、拒否するのが通例で、もし受忍の義務なしとの解釈がなされるとするならば、重大な公害排除の最終的措置は全く行な得いず、河川法第52条の規定及び、行政代執行法は死文に等しいものとなる。しかも手を尽しての除去説得に、ようやく応じた多数の人々の関連等を考えると、このたびの代執行はどうしてもやらなければならない。この執行が違法かどうかは、後日問題となった場合の判決にまかせるとの強い意向を

表明した。これに対して検察庁側も大阪高検と早急打合せを行なうということで2日間にわたる討議は打ち切られた。

この間にも現地では26日午前10時頃西宮土木出張所員2名が武庫川堤防上から、代執行当日の分担に基づき除却建物見取図と現地を対照しあらかじめ当日の手はずを考察中、前記闘争本部に詰めていた彼らが見付け、内4名がこれを取り囲み下駄を振り上げ、首を締めるなどの暴行を加え、図面を取り上げ、同所員の1名が治療4日間の前頸部絞扼傷を受ける事件が発生した。また同日彼らは、支援団体の応援も加え、代執行阻止大会を開催して、気勢を挙げ、続いて翌27日には大挙県庁に押しかけ金井知事職務代理者に面会を求め代執行の延期と、土地と家を与えよと申し入れ、もし代執行を強行するときは、組織をあげて実力で阻止すると激しく迫ったが、知事職務代理者は県の方針は不変である旨伝えて、これを打ち切ったのである。

しかし一方には、期日が迫るにしたがい県の方針が不変である以上、事前に立ちのくことが得策との考え方が高まり、立ちのく者が急激にその数を増し、27日現在496世帯となった。この様子から判断して、あと4、5日も延期すれば、執行対象はなお相当数減少すると見て、延期しては、との意見が一部にあり、急ぎ関係者の会合を求め、その統一を図ったが、結論が出ないまま時間は容赦なく過ぎ正午となった。一方その日の午後は各土木出張所の応援職員も加え代執行従事職員を集め、最後の手はずを打合せることになっており、また作業労務者についても、予めの手はずは、行なっていたが、正午までに最終通知をしない場合は、明朝の作業員の集結が困難となるためついに意を決して独断作業員招集の手配を行なった。幸いにも神戸地検より県の考えどおり執行することを、諒解した旨　伝えられて安心したものの、執行を数時間後にひかえ、予定どおりの実施か　延期かの決定がひま取ってはどうにもならず知事職務代理者に裁断を仰いだ結果、警備の都合もあるので先ず　県警本部長の意見を聞いた上でこれを参考に決定がなされることになった。

本部長は、延期するかどうかは県の都合であるが、警備態勢の関係は予定どおりの方が都合がよいと思う、今回の措置のような場合多少再考の要素が

生じたとしても、今日ならやり得たことも、明日どんな事態が発生して、実施できなくなる場合もある。このような考え方は私の多年の経験に基づくものであるとの発言があり、これを参考に直ちに予定どおり明28日と決定したのは、既に16時30分過ぎであった。

すでに当日午後１時に集合待機していた、代執行要員百数十名の県職員に対し、実施上の諸注意及び班の編成など、それぞれ詳細な打合せを行ない一応散会したのはすでに日没であった。応援職員を各宿舎に送った後、河川課と西宮土木出張所職員は１日間のおくれを取り戻すため、夜を徹して準備を整のえたのであった。

─ 代執行編成表 ─

本部長	（執行責任者）金光土木建築部長
副部長	矢野河川課長、岩井土木建築総務課長、辻下企画部参事
指揮班	中山補佐（河川課）　本部付
	山根主事（河川課）　秋月補佐（河川課）　松村補佐（総務課）
	藤田主事（西宮土木）　加茂係長（総務課）　平尾係長（総務課）
	大垣主査（姫路土木）　大塚主査（総務課）　井上主事（参事室）
庶務班	工藤課長（西宮土木）外10・土木工手７
	８ミリ撮影係　小谷主事（河川課）外３
	連絡係　山本主事（西宮土木出張所）外６
医務班	大賀事務長（県立西宮病院）外２・医師４・看護婦12・人夫10・救急車２
作業隊長	小松所長（西宮土木出張所）副隊長井上課長（〃）通訳（朝鮮語）１
第１班	箕岡課長（西宮土木出張所）外８・人夫30・トラック２
第２班	県田技師（西宮土木出張所）外８・人夫30・トラック２
第３班	長谷川技師（西宮土木出張所）外８・人夫30・トラック２
第４班	永井（啓）技師（西宮土木出張所）外８・人夫30・トラック２
第５班	大橋技師（西宮土木出張所）外８・人夫30・トラック２
第６班	石坂技師（西宮土木出張所）外８・人夫30・トラック２
第７班	佐野技師（西宮土木出張所）外８・人夫30・トラック２
第８班	青木技師（西宮土木出張所）外８・人夫30・トラック２
予備班	橋本技師（西宮土木出張所）外４・人夫20・トラック３
その他	県広報課職員５
総　計	県職員147名・人夫265名・トラック19台・無線車１台・乗用車その他７台・救急車２台・消防車２台

代執行当日の執行要員の集結

■ 6 代執行の実施

７月28日午前６時、武庫川にほど近い甲子園競輪場に、代執行要員と、警備警官隊が集結した。その数約千名、さしも広い穴場前広場も人と車で埋まった。県の編成は執行責任者の土木建築部長以下147名よりなり、これを本部と作業隊に分けた。

代執行の編成は別表の通りで本部は医務班の医師看護婦16名を含み62名、作業隊は79名、予備班を含め９班編成とし、各班に作業労務員30名と、トラック２台を配備した。車輌はトラック19台、無線車１台、乗用車７台、救急車２台、計29台にのぼった。人員は県職員147名、労務者265名、計412名の編成である。

警察側は関係各署、本部および機動隊員合せて550名が動員され、県の作業隊を警備する警備隊と、外部からの応援に備える予備隊とに編成された。この外に交通整理のための警官が約40名出動し、一日交通量３万台を越える国道と堤防上道路の交通整理に当った。かかる大編成は、当日執行対象の

62戸、53世帯に比較して、 かなり大懸りであるが、支援団体及び各地区住民グループの応援に対する備えと、 無駄な抵抗であることを覚らしめ、残る住民に対して自発的な除却を促進する意図に基づくものであった。

午前6時45分、パトロールカーを先頭に、 50台に余る車輛は現地に向って出発、本部と作業隊の一部は右岸を北上、 作業隊主力は本部と別れて旧国道橋梁を東に渡り左岸堤防道路上を北上した。 本部はまづ目的の武庫大橋西詰下流に無事到着、本部職員息をつめて対岸を見渡すうちに、 朝もやをついて１台また１台と作業隊の車輛が堤防上に到着、 心配された作業隊車輛進入路の妨害もなく全車輛が位置に着くと同時に、 執行本部長の代執行開始の宣言が行なわれた。時に７時５分であった。

早朝であったことと、期日第１日目であったためか、 完全に相手の意表をつき、 やっとこの頃になって作業隊の接近を知らせる見張りヤグラ上の半鐘を乱打するありさまであったがこれら住民も、 支援団体の応援に力を得、堤防上や堤防斜面にスクラムを組み労働歌を唱って妨害を始めた。

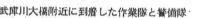

武庫川大橋附近に到着した作業隊と警備隊

スクラムを組み代執行をはばむ住民と応援団体

作業着手の状況

作業を妨害する住民と支援団体

見張りヤグラ付近の除却状況

代執行本部

執行本部は対岸に設けられ、まず医務班の天幕を始め直ちにテント四つが張られ、パン、湯茶等、住民の給食を用意した。

機先を制した作業隊の行動に気勢をそがれた住民も逐次体制を整のえ、ヒシヤクに、し尿を吸み上げた者を配置し、ツルハシ等で作業隊の進入を阻む状態であった。作業隊も人間に手をかけてはいけないと云う厳命もあって、部落内えの侵入が困難となり、作業着手は遅れ、作業隊のいらだちをよそに、こう着状態の時間が過ぎて行った。この間無駄な抵抗を止めるよう、それぞれ説得に努めたが、押し問答を繰り返えすのみで、険悪な状態となり、警官隊の警告がなされたがこれも無視されるにおよび、警備隊の積極的援護のもとに、ピケ隊を突破して各作業班は一せいに部落内に進入し、まず執行令書未交付世帯に対し令書を交付するとともに、す早く縄張りをして取り壊しはじめた。し尿を振りまき、ツルハシを振り廻すなど妨害した者もたちまち公務執行妨害、傷害の容疑で、現行犯として逮捕されたほかは、予想したほどの抵抗も見られなかったが、屋内座りこみで除却を

阻止しようとする者もあり、危険を伴うので、警察官による連れ出し（警職法の避難救護）が行なわれた。

妊婦や病人のあることを理由に居座りを策する者も医師の診断により、しぶしぶ仮収容所に入った者もあった。豚や鶏を飼っている住民が多く、この取扱いや、家財道具、荷物の収容には難渋を極めた。

一方本部には支援団体の代表者などが、入れ替わり立ち替り、手をかえ品をかえて執つようかつ、はげしい抗議をくり返したが、執行責任者以下本部職員はこれに動ぜず、今は議論の余地なしと黙殺しつづけた。

作業隊各班の除却作業も、かなりの混乱はあったというものの、前日までの情報による、火えんビンや、硫酸などによる妨害もなく、負傷者もかすり傷程度で、幸わいにも心配された不祥事は起らず、公務執行妨害で検挙された者４名にすぎなかった。午後６時半には予定世帯53（203人）の取り壊しを完了し、代執行対象者の大部分を仮収容所に収容し終った。取り壊し家屋材は多量のため、一応堆積したままで、夜間の監視職員17名を残し、みにくく取り散らされ戦いの跡にも似た川原を後に、全員無事引揚げたのであった。

以上のように第１回の代執行は当初心配したほどのこともなく無事終了した。予想された外部団体の支援による抵抗も、現地に立っていた赤旗の数にくらべて、すくなかったことは、この地域の住宅の撤去が、世論の大きな支持を受けていたことが、外部団体の支援が消極的となったものと考えられる。また綿密周到な計画に基づいた実施が、時期の点でも、警備の点でも、完全に相手方の機先を制し、外部からの乗ずるすきがなかったことも忘れてはならない。特に600名におよぶ動員を行ない、県の措置を積極的に支持した警察当局の協力なくしては、この成功は望み得ないことであった。

またここで特に付記しておきたいことは、代執行の前日、現地の状勢により、代執行延期か、計画どおりの期日に決行かの、岐路に立たされた際の県警本部長の参考意見と、計画どおりの期日に実施することを決断した金井知事職務代理者の裁量とが極めて円滑に事を運んだものといえよう。

これは後日談になるが、延期しなくてよかったと思い知らされる日が、２、３日後早くもやってきた。それは尼崎の西隣り大阪西成の釜ヶ崎で暴動事件

仮収容所へ家財道具搬入の状況

が起ったことである。この騒ぎは支援団体も含めますます拡大し、ついに近隣府県警の応援を得て、警察官約3,000名を動員、10日間に余る日時を費して、ようやく平穏を取り戻すという大事件であった。もしもこの代執行が延期のため、この事件後に行なっていたならば、いかなる事態となったかは誰が予想し得たであろう。

■ 7 代執行後の経過

（1） 伊丹、宝塚地区の立ちのき

第1回の代執行は完了した。しかしこれはその一部であって、なお147世帯が残っており、これに対する次の計画を進めなければならなかった。この地区は甲武橋上流の伊丹、宝塚市の区域で当初から、代執行手続きも他地区と同時に進めてきたが、民有河川敷に家を建て居住しているものが多く、移転補償の要求等複雑な問題を多く含んでいることと、この附近は武庫川の概要の項にも述べたとおり、河積にも余裕があり、すでに埋立免許の土地もあって、治水上の見地からも、今まで立ちのきの終った地区に比し、異なった点

仮　収　容　所

県の設けた簡易住宅

仮収容所から移転した私営住宅の一部

が多かった。この特種な諸条件を住民が見逃がすはずもなく、このことを強く主張して、知事室前廊下に座りこみを行ったのも、主としてこのグループであった。したがって他の地区で相当効果のあった立ちのき指導も、ここでは全く通ぜず、関係職員の苦悩は、なみなみならぬものがあった。

県は、この地区の対策の適否が、この仕事の成否を左右するものと見て、第1次代執行と立ちのきあっせん等の、タイミングなどにつき、とくに苦心したのである。はたせるかな第一次の果敢な代執行の実施により、相手の心理的な影響は大きく、これまでの結束がくずれ、動揺が見られるにいたった。これを契機として市のあっせんする、移転用地も急速に具体化し、8月に入ると、土地の契約をすませて、それぞれの市長の副申を付して、代執行を9月10日まで延期方陳情書を提出した。県も或る程度の延期を認めることを決定し、住民代表者を県庁に呼出し、市の責任者立会のうえ、回答文書を手交するにいたった。その内容は、陳情書の期限までの延期は、既に代執行したグループとの関係及び諸般の

事情を考える場合、 これはどうしても認めることはできないので、回答文に示す期日までには、必ず立ちのくこと。 短時日に立ちのきを完了するよう住民相互協力し誠意を示すこと。 県市側も一般県民の納得する範囲において、協力しようというものであった。

伊丹市のあっせんした移転用地は、同市西野芝小松原の約3,000坪（所有者[redacted]）の松、 雑木林を切り開き整地を伴うものであった。宝塚市側は市内安倉字西田川の一部埋立を伴う約900坪（いずれも自費買収）を機械化建設KK社長 中村氏がこの対策に協力したものであった。 いづれもこの不法集落より程近い、かっこうな場所とはいいながら、 総てが新らしい町づくりとなるので、 当局の命じた期限までに移転することは当初から多少無理な点が認められたのであるが、絶えず緊迫感を与え努力させ、 誠意があるとみれば実情に即して、猶予するという考え方によるもので、 武庫川対策を通じて体得した方策であった。

代執行当日の武庫川大橋付近

執行後の武庫川高水敷

このようにして11月中旬には両地区147世帯の集団移転を完了し、最も困難視された地区の建物の除却に成功したのであった。

（2） 代執行により仮収容した世帯の状況

代執行当日テント張りに収容した、53世帯203人の大部分は、生活保護法の該当者、またはこれに準ずるもので、 その一部は県の対策に最後まで反対したリーダー格の人たちであった。

県はかねての基本方針に従い、 これ等の被保護世帯のうちでも、全く自立能力がないと認められる15世帯、 60人を対象として、トタン葺き簡易住宅を建設すべく、 8月末尼崎市のあっせんにより、 用地を買収して建設に着手しようとしたが、 地元住民の強力な反対のため中止のやむなきにいたった。他に八方 用地確保に手を尽したが、その努力にもかかわらず、その都度同じ事情で、むなしい努力を重ねたが、幸い最終的に、 尼崎市中食満市有地の[redacted]を借り入れすることができ、 ようやく同年10月中旬建設を終り、入居させることができた。

（3） 仮収容所入居者の最終措置

武庫川の不法集落は、この地域社会のがんとして附近住民が相いれず、さきにテント張仮収容所の設置の場合も、その他の移転先のあっせん等にも、絶えずこの問題がつきまとい、この対策遂行を困難ならしめたのである。

もともと代執行のための仮収容所は、期限を付して、これを設置し、期限までに撤収できる状態にしなければならないものと考えるが、収容世帯の実態と、低家賃住宅の乏しい現状からみて実に難かしい問題と云えよう。

たまたま尼崎市内の建設業興亜公司宮脇氏が、テントの住民のため低家賃住宅（将来分譲予定）の建設の申し出であり、適当な尼崎市有地を借り入れる了解が得られたが、例により予定地付近住民の反対によって、年内建築の見込みがたたず、このまま越冬させることは人道上の問題でもあり、入居者の陳情もあって、内部をベニヤ板で囲み、応急処置を行なう一方、市側の用地確保に期待したが、思うにまかせず翌37年4月、ようやく8戸の建築を終わり、続いて10戸もでき上がり、移転することができたのであった。残り12戸についてはその後同市の誠意ある尽力にもかかわらず、迂余曲折を重ねたが同年末にようやく用地を3カ所に確保し、前記宮脇氏が建設を急いだ結果、翌38年3月13日残余者の移転も無事終わり、収容以来約1年7カ月ぶりに無事仮収容所を撤収し、ここに武庫川の方針決定以来2カ年半にわたる関係者の努力と各方面の絶大な協力が実を結び、ついにこの大事業を完成するに至ったのである。

■むすび

武庫川の不法建物除却対策の山場は、やはり行政代執行の実施と、甲武橋以北の集団移転であったと考えられる。この成功は確かにこの仕事の成否を左右したものと云えよう。

法にそむき、公共の福祉をそこねたこの集落も、ここに住みつかざるを得なかった切実な事情があったからであろう。その一部とはいいながら、実力行使によらなければならなかった冷厳な現実を思うとき、私たちは心の底に何かしこりを感じさせるものがある。

この対策を推進中、われわれの誠意を無視してつるし上げ、または脅迫し、公務執行妨害までも惹き起した一部の住民にさえも、その後の消息がおりにふれて気がかりとなる。まして立ちのき指導に応じて移転し、貧しくとも家族ともども、胸を張り、誰はばからぬ生活のできる喜こびの便りや、年賀状さえ寄せた人たちの幸福、いな武庫川から立のいた700世帯の人々の幸福を祈らずにはいられない。

― 除去対策措置一覧表 ―

年	月日	実施事項
S	35. 8.30	台風16号襲来に伴う緊急部長会議（除却決定）
〃	9. 1	県関係部課長及び警察関係部課長・関係市長対策協議会（除却措置について）
〃	9. 5	同上協議会
〃	12. 7	不法占拠建物増築を発見し、代執行による除却実施
S	36. 1.28	県関係部課及び警察関係協議会（各専門的な立場で検討）
〃	2. 4	同上第2回協議会
〃	2. 6	同上第3回協議会（不法占拠建物の一部火災焼失に伴う措置について）
〃	4.14	県・関係市長協議会（貸付金の支給について）
〃	4.21	警備関係打合会（警察本部・所轄警察署長・県関係者）
〃	4.25	除却命令並びに立ちのき命令書交付開始（6日間）
〃	4.26	除却後の河川敷地の利用計画について協議会（土木建築部内）
		地元県議に協力方要請
〃	4.28	各新聞社・県政記者に対し経過報告並びに協力方依頼
〃	5. 2	貸付金の根拠について打合会（部内）
〃	5. 4	除却後の河川敷地の利用計画について協議会（副知事以下関係部課）
		県会土木常任委員会に対し協力方要請
〃	5.11	各グループ代表者に対し貸付金の支給を発表（具体的な除却折衝）
〃	6. 6	立ちのき状況中間報告並びに除却指導措置について打合会（副知事以下関係部課・警察本部関係部課・警察署・関係市長）
〃	6. 8	県会土木常任委員現地視察
〃	6.10	立ちのき奨励金の発表
〃	6.12	除却並びに立ちのき戒告書手交（3日間）
〃	6.19	各グループ代表及び支援団体役員来庁し知事に面会を求めた
〃	6.22	知事以下関係部課に対し経過説明
〃	7. 1	福祉関係打合会（関係市福祉事務所長外）
〃	7. 7	不法占拠者及び外部支援団体大挙来庁し知事に面会を要求して知事室前廊下に座り込む
〃	7.10	同上強制立ちのき命令
		状況説明と今後の対策打合会（県・関係部課・警察本部関係部課・警察署・関係市）

S	7.11	代執行計画について打合会（土木建築部内）
〃	7.12	同上（副知事以下関係部課・警察本部長以下関係部課及警察署長外）
〃	7.14	代執行実施につき打合会（副知事以下土木建築部関係課及び関係市長）
		代執行予定地の現地精査（県・警察本部・警察署）
	7.17	代執行令書交付（7日間）
〃	7.18	支援外部団体11が現地に赤旗を掲げた
〃	7.20	神戸地方検察庁現地調査（公安部長検事外）
〃	7.21	代執行警備につき打合会（警察本部・河川課）
〃	7.24	代執行実施につき打合会（副知事以下関係職員・検察庁・警察本部・警察署）
〃	7.25	代執行につき法的な手続きの再検討（検察庁・警察本部・県担当者）2日間
〃	7.27	武庫川住民代表大挙来庁し、知事に抗議（県は方針不変を回答）
		代執行実施につき警察本部長と最終的な打合会
		同上部内関係者最終打合会
		代執行従事職員編成並びに注意事項の指示
		代執行従事業者に対する注意事項の指示（何れも極秘とすること）
〃	7.28	代執行実施
〃	8. 9	残存者、代執行延期陳情
〃	9.18	早期立ちのきについて警告書手交
〃	10.21	生活保護世帯のうち自立能力のない者に対する低家賃簡易住宅入居
〃	11.30	残存者、集団移転（伊丹・宝塚地区）
〃	37. 3. 7	仮収容所に収容世帯の内8世帯、低家賃住宅に移住
〃	5. 8	〃　10世帯、低家賃住宅に移住
		〃　残余世帯　12、低家賃住宅に移住
〃	38. 3.13	仮収容所の撤収を完了（武庫川対策完了）

昭和38年3月20日

発行・兵庫県河川課

昭36. 実施

武庫川不法占拠関係

兵庫県河川課

阪神版

不法建築の"墓場"

武庫川に2127世帯

役所に弱み、高価な代償

週間ハイライト

武庫川の河川敷を不法占拠してバラックを建てている住民たちに、県はついに断を下した。さる二十九日から三日間にわたり、各戸に立ち退き命令書を手渡したのだ。旧年末までに全部を立ち退かせる予定で、六月十日までに建て物を完全に取り除かせるよう…とのきわめてきついもの。これまで阪神間の不法建築物は、比較的放任されてきたが、阪神間各市でも県のこの強硬方針に刺激され、昨年施行された不動産侵奪罪などを適用して、このさい不法建築物を徹底的に一掃しようとの機運が高まってきた。しかし、過去の行政のルーズさがたたり、一挙に解決することはなかなかむずかしく、各市とも頭が痛いようだ。果たしてうまくいくかどうか。阪神間の不法建築物の現状と問題点を探ってみた。

県の弱腰がきき目

○…武庫川の不法建築物は尼崎、西宮、宝塚、伊丹の四市で六百三十八戸、二千百二十七世帯。一つの河川でこれほど不法建築がかたまっているところはちょっと例がない。県はさる三十二年六月と昨年十月の二回、[illegible]で「ハンを押すな」とアジって回った者があっただけで、命令書はスムースに渡され、県も「これなら大半が期日内に立ち退くだろう」とみている。

のさばる"青空市場"

○…河川敷以外の不法建築物は、各市の都市計画が[illegible]

文書で立ち退きを勧告したが、住民の団結が強いので、いっこうにききめがなく、ついにこんどの命令となった。命令書に「各市で[illegible]」。[illegible]取り除きで取るという[illegible]たやり方で「どうせ[illegible]」と[illegible]なくなっていた住民たちが、これまでにない強硬措置にびっくりしたもの。[illegible]

[illegible]したがい、しだいに少なくなっているが、それでも阪神間でざっと[illegible]件。ミゾの不法[illegible]のバラックと同様、数十軒とかたまっているところが多く、それも商店がほとんどなので、なかなかやっかいな存在。その一例が西宮市久保町の公[illegible]

[illegible]市役所付近から公園に移ったとき、近所の野菜、果物の露天商十軒もいっしょについてきた。そのご[illegible]、衣類、日用品の商人も集まり、つぎつぎとバラックを建設。いまでは四十六軒というちょっとしたマーケット街になっている。市価より[illegible]

[illegible]た尼崎市庄下市場も、[illegible]がここへ商店を集めさせてできあがった。終戦直後、阪神電鉄尼崎駅北側には、ヤミ市場がどんどん立ち並んだが、[illegible]をしている。

尼崎もっとも熱心

○…[illegible]十六年に[illegible]四十軒が[illegible]

行政もご都合主義

○…これは他の市町が[illegible]

カギ握る県の姿勢

○…[illegible]

武庫大橋南に立てられた建築禁止の立て札

2

行き先ない子ら励ます

アリの町 かけつけたゼ修道士

立ちのきまであと10日の武庫川かわら 寄金集めやお別れ運動会

西宮、尼崎両市にまたがる武庫川かわらの不法建築バラック六百三十八戸は、今月十日までに撤去が求められているが「わたしたちはどうして生きていけばよいのでしょうか」という同地区の一少女の訴えを聞いた"アリの町"の創始者、東京都北区西ヶ原二の一六、ゼノ・ゼブロフスキー修道士（七〇）がこのほど、かけつけ、早速、多くの人々によびかけて集めた一万円を持って、三十一日西宮市役所を訪れ、見舞い金の一部に贈った。西宮市は、さらに両市によびかけて、四日午後、この日から離ればなれになるこどもたちのために武庫川かわらでお別れ運動会を開いて励ます。

手紙を書いたのは西宮市松並町、宮水中学三年若城美枝子さん（十五）で「橋の下の人は生活の苦しい人ばかりでこどもが多く、三百万円のお金をもらっても家を建てることと

「こどもたちを励ます」とゼ修道士（西宮市役所で）

れません。どうすればよいのでしょうか。わたしは一か月ほど前から学校をやめて働いています。学校をやめるのはいやですが、これからわたしたちはそれなくこじきになってもらわなくてはなりません。火葬のこともがなくなってもよいのでしょうか」と訴えた。

ゼ修道士はポーランドから来日してすでに三十一年になり、日本各地で青少年救済事業に力をつくし、広島県宮島に少年牧場を作ったほか十八個所に住宅や自動車学校を建設した人。こんど三十四年、西宮市役所上平林四、仁川カトリック教会にきたとき、武庫川かわらを散歩していて電灯、水道もない生活ぶりにた

同僚、知人によびかけよく[illegible]人のこどもを抱えて困っていた尼崎市今北、[illegible]村ら[illegible]さん夫婦に約六平方メートルの住宅と両市のこどものためにブランコを贈った。

これはその日暮らしに喘いでいる人たちにとって忘れられない喜びになり、かわらに修道士をたたえるグループ「昭和会」が結成され、バラック街の人たちとのきずなは、修道士が訪問に訪れるたびに堅くなった。

美枝子さんの手紙を読んだ修道士は、去る三十四年、名古屋市湘崎のバタヤ街が強制立ちのきになったさい、市民の寄付で開いた運動会を武庫川でも開こうと考え、関中、瓜田、吹田、仁川など四の知人宅を中心に一戸の寄金を募集する。

修道士の話 「できれば千人のさ時間でのばしてもらうよう陳情したい。運動会は楽しみなお別れをさせることちそうをしたい」

3

阪神版

武庫河原から立ちのく子供

"善意"がぞくぞく

ゼノー神父の運動に協賛

既報、武庫川河原から立ちのかされる子供たちを救うため老修道士が資金集めに立ちあがったとの新聞記事はすぐに善意の人々の間にコダマし、一日「引っ越すときには私のオート三輪を自由に使ってください」と兵庫県[illegible]土木出張所に暖かい申し出があった。

この人は尼崎市開明町八、運輸業吉永紀三郎さん(五七)で、三十一日付の毎日新聞阪神版で引っ越し費用をつくるため学校を休んで働いている武庫川河原の一少女が、かねて世話になっている東京のゼノ・ゼブロウスキー修道士さんに窮状を訴え、ゼノー修道士がさっそく西下して各方面に協力を求める運動をはじめたことを知った。

武庫川河原のバラック立ちのきは大きな社会問題として日ごろから吉永さんの胸をいためさせていた。吉永さんは小学校卒業後、苦労しながら従業員三人が使えるまでになった。恵まれなかった少年時代を思い出すと子供たちのせっぱつまった気持がじかに胸に伝わってくるようだった。それに「外人でさえ、貧しい日本人を救おうとしているのに…」とためらわず協力を決心した。武庫川の三トン積みオート三輪を無料で提供し、運転手のほかに吉永さん自身が乗り込んで、困っている人の引っ越しを手伝おうというのであった。しかし、一台ではだれもかれもというわけにいかないので、あらかじめ土木出張所で生活保護や医療保護をうけている家庭を選ぶことになっている。

ゼノー修道士が四日、子供たちを集め、武庫川大橋下でお別れパーティーを開く計画についても西宮市[illegible]小学校はテント二張りを快く貸すことになり、尼崎市大島町、森永乳業阪神工場も牛乳百二十本、タオル代として一千円を寄附するという。なお土木出張所に寄託している六十八世帯の立ちのきは六月十日までとなっており、一日までに十四世帯が立ちのいた。二日も三、四世帯が他に移りだす予定。

吉永さんの話　尼崎側の人には限りません。少々遠くてもできるだけ協力してお手伝いします。

兵庫県土木出張所の話　吉永さんのような方が進んで協力してくれてこそ立ちのき問題もスムーズに解決できると思います。

4

阪神支局
西宮市[illegible]
[illegible]
西宮 ③5881
通信部
宝　塚 ⑩・4534
尼　崎 ⑩[illegible]
川　西 ⑩・4000
4190
伊　丹 ⑫・4610
ニュース、催しなどのお知らせは上記通信部または支局へ

立ちのき者に愛の手

無料運搬を申し出る

引っ越し荷物　尼崎市の青木さん

立ちのきを迫られている尼崎市の武庫川堤防のバラック居住者で、その責任を感じた人たちの引っ越し荷物は無料でお手伝いいたしましょう」と、一日、尼崎市[illegible]三、運送業青木[illegible]郎さん(四〇)が、尼崎署生活課[illegible]に申し出た。

青木さんは、[illegible]日朝の[illegible]で、[illegible]神父が四日、住民たちを集めて、お別れの運動会を開き、[illegible]、自分もその[illegible]たちのために無料運搬を買って出たもの。

田根西では[illegible]から立ちのき、八軒の[illegible]が出ている人の家族が、青木さんは自家用のオート三輪に[illegible]自分と[illegible]人で手伝うことにしている。立ちのきバラックの[illegible]、現在までに十軒が立ちのいたが、六月十日の期限までには二十一軒のまだ[illegible]ルームを[illegible]立ちのくことになっている。

神戸支局
神戸市生田区栄町[illegible]
電⑥ 01.02.03
3044
阪神支局
西宮市六湛寺町
13の5
電③[illegible]5851
5852.5853
尼崎支局
尼崎市[illegible]4
[illegible]
宝塚　[illegible]
[illegible]355
⑩・2430
伊丹　伊丹市[illegible]
[illegible]270の1
電・3455

"お別れ運動会"催す

ゼノー神父と河原の子供

四日午後、西宮市松原町の武庫川河原で、白いアゴヒゲをのばした一人の老神父と大勢のよい子たちがいっしょに歌をうたったり、走ったりしている楽しそうな風景が人目をひいた。

この神父さんはコンベンシャル・聖フランシスコ会のゼノー・ゼブロウスキー修道士(六三)で、二十八年前ポーランドから来日、いままで東京に"アリの町"をつくったり、全国各地の貧しい人たちを救ってきた人。

武庫川河川敷の河原に並ぶバラック街もその一つで、いままでたびたび菓子や衣類などのほか遊戯施設なども贈って慰問の手をさしのべ、子供たちはもちろん居住者の"心の支え"となっていたが、同バラックはいずれも不法占拠でこの十日を期限に県の指示で立ちのくことになった。これを知った同神父はさっそく東京で寄付金を集めて来西、阪神間でも各地を走り回って菓子や学用品など多数の賞品を求め、この日同バラック街を訪れて慰問、午後一時からバラック街のうち西宮、尼崎の両市にまたがる阪神国道橋や上武庫川橋付近に居住する子供たち約七十人のほかその家族も招いてお別れ運動会を開き、不安をいだきながら散って行く子供たちや住民を励ましたもの。

ゼノー神父とかけっこするヨイ子たち

尼崎市[illegible]子さん(西宮市[illegible]中学三年)が、同代表として「いままで強く生き抜くことができたのは神父さんのおかげです。きょうお別れすることは悲しいですが、ふたたびいつかお会いできる日を祈っています。神父さんのご恩はいつまでも忘れません」と感謝、心のこもった花束を贈ったあと、同神父といっしょに楽しい午後のひとときを過ごし、また別れを惜しんだ。なお同神父はあと数日阪神間に滞在し、これらの人たちのためできる限り救いの手をさしのべることにしている。

神戸新聞　昭和36年6月7日　水曜日

ニュースの裏表　週間レポート

武庫川河原の不法占拠者の立ちのき問題はいよいよ大詰めが迫ってきた。戦後間もなく戦災者が住みついて以来十数年いつの間にか武庫川原は治外法権の"町"になってしまった。この間に何度か立ちのき問題が起こりはしたが、その度に"貧しい人の住家をうばうことが法のあり方かどうか"という人道的な疑問がでてズルズルと今日に至ったわけ。しかし今度は県もハラをくくって強制立ちのきという大刀を大上段にふりかぶった。これに対して居住者の大半は"立ちのきは死を意味する"と全く途方にくれた表情。最悪の場合は流血の惨事の可能性も考えられるので、今週はこの立ちのき問題に焦点を合わせた。

こんどは県も本腰

強制立ちのき　不幸な事件を予想

武庫河原の立ちのき問題

〃十〃年〃も〃住〃む〃古〃顔〃

A　武庫川河原にはどのくらいの不法占拠があるのか。

C　県西宮土木出張所の調査結果によると六百三十八世帯、二千百三十七人、最も多いのが武庫川大橋下を中心とした尼崎側の三百九十九世帯、千百九十人だ。それに西宮側八十五世帯、二百八十七人、宝塚側九十七世帯、三百八十三人、伊丹側八十七世帯、二百六十人と四市にまたがっている。大半が日本人だが沖縄、韓国、朝鮮人もかなり住んでいる。

A　この人たちはどんな生活をしているのだろう。

D　戦災で家を焼かれた人や生活の落後者たちが集まって住みついてから急激にふくれあがった。職業も寄せ屋、拾い屋、失対労務、養豚業など種々雑多で十年近くも住みついている古顔も多い。

B　しかし、普段は住民の中には「わしらはいつまでもこんなところに住みたいと思っていない。なんとか早く立ちのきたいがどうにもならないのだ」という人たちもいるよ。

C　居住者の生活を支える収入調査によると月収二万五千円以上が二三%、二万五千円—一万円二八%、一万円—五千円三五%、五千円以下一九%という。月収五千円以下のその日暮しの世帯や生活保護を受けている七十八世帯を除く約八割の居住者は移る気にさえなれば独自の力で立ちのきができるし行き先のメドがたつはずというのが県当局の見方のようだ。

〃地〃元〃から〃再〃三〃、陳〃情〃

A　ところで立ちのき問題はいまにはじまったわけではないだろう。

C　そうだ。これまで本格対策河川管理、都市美観、衛生、風紀上よくないというのでこれまで二回にわたり立ちのきを迫っていた。ところが、一片の立ちのき勧告なぞ、何ら効果がなく、かえって一夜でバラックが建つ早わざにたびなるパトロールでこれ以上の増加をくい止めるのがやっとというのが実情だった。

D　三十三年の夏には集団赤痢で八十人が発病、一人が死亡するという事件や昨年の十六号台風では二十三戸のバラックが流出するという災害もあったな。

E　たまりかねた尼崎市や地元民などから再三、立ちのき促進の陳情が出され、県でも関係市、警察などで武庫川不法占拠対策協議会を作り、立ちのきへの名案捜しをしたが立ちのかせるメドが立たない有様だった。

D　しかしこんどは県も本腰だ。知事の特命で県河川課係員を大量に増員したり、六日には神戸で関係四市と警察が協議会で対策を練ったというのも"こんどこそは"という決意の現われだろう。

〃寄〃せ〃屋〃に〃頼〃る〃生〃活〃

A　では居住者の方は今度の立ちのき命令をどういうふうに受けとっているのだろうか。

B　金をためて自発的に立ちのいた人たちは、ここの居住者のなかでは例外中の例外。ほとんどはそんな経済的な余裕がないから唖然とした気持でいるのが実情だろう。

C　寄せ屋の親方の一人が「私の家族だけなら貯金もあるから、どこへでも行けるが、使用人たちの家族の面倒もみなければならないから動きがとれない」といっていた。普通十数人の若い衆たちが一人の寄せ屋の親方に依存して生活しているわけだからね。

D　県が立ちのき促し付け金三万五千円を出すと知ったある居住者は「その半分でパチンコをして、うんともうけよう」といっていた。この[illegible]はもともとなけなしの[illegible]で立ちのき[illegible]、金が入ればパチンコや競輪をやろうというわけだ。

C　一回これくらいの金では動きがとれないという生活に困っている人もあるね。

A　だからこれは一部の居住者の従来の生活態度が問題だね。

E　居住者たちにいわせれば、武庫川河原だから寄せ屋や養豚業ができた。だからもし他所に移れても商売が続けられるかどうかわからないという不安があるという。

武庫川河原に住みついたバラック街

〃一〃般〃市〃民〃は〃賛〃否〃両〃論〃

A　それでは附近の一般市民の考え方はどうなんだろう。

E　賛否両論だ。このバラック街はいろんな面で一般市民に迷惑をかけるなど、この際正しい法の執行を望む人もあれば、反対に居住者の将来の生活を考えてやらない強制立ちのきは残酷だと非難する人もある。

C　将来の[illegible]になったり、就職の[illegible]になっているのが実状だからね。

A　こうした状況のなかで強制立ちのきが行なわれるとすると居住者との間にトラブルが起こることは避けられないか。

B　現在の情勢では十分に不幸な事件が予想される。県でもあることを心配して六日に関係四市当局の担当者を集めて対策を検討協議している。

C　居住者の一部には自治会的な組織もあり、居住者団体も現われる可能性があるからね。

A　なんとかこうしたトラブルを起こさずに解決したいものだ。要するに金と土地があれば問題はないわけだが、[illegible]問題にしてもそう簡単にはゆかない。

〃暖〃か〃い〃気〃持〃で〃執〃行〃を〃

E　ある市民団体からこの問題について[illegible]「自分の家を持っていないのは人間ではない」などと宣伝したりしたが、[illegible]強制執行が行なわれ[illegible]て対処を考えねばいけない。

B　一方、居住者の方も、もし"ゴネ得"という考え方を持っているなら考え直してほしい。

C　かつて九州の[illegible]でバラック街の住民を強制立ちのきさせようとしたら、家賃が払えないなど[illegible]といった人がいるが、こうした不親切は感心しない。

A　こうしたバラック街は本当は存在してはならないものだ。とにかく現実に[illegible]する人に接するには県や政府の責任と社会福祉の面から[illegible]時に問題を[illegible]とすれば、多少の無理があるのは当然だ。あくまで[illegible]また暖かい気持で[illegible]なければならない。こうした[illegible]も[illegible]してゆきたい。

6

読売新聞　第30917号
昭36(1961)6月7日

阪神版
阪神支局

来月10日後は強制執行
なお五百世帯以上残る
武庫川かわら立ちのき

県河川課は六日、門戸東…合館で武庫川河川敷き不法占拠バラック立ちのき問題について四市中、打ち合わせ会を開き、四月の十日までに立ちのかない世帯は七十一日以後強制執行を決定、七月十日までに立ちのかない[illegible]は執行する方針の最終的な線を決めた。

四月二十五日の勧告いらい六日現在まで六百二十世帯のうち二十八世帯が立ちのき、二十八世帯が十六号台風で流失、仮設住宅に収容中のほか、十日までに二十一三十世帯の立ちのきが予定されるだけ。

県は立ちのき世帯に対し移し付け金の名目で一世帯（三人平均）三万五千円を交付。最終期限後は直ちに強制執行に移り、十月末までに全戸の立ちのきを完了する。

毎日新聞　昭和36年(1961年)　6月8日　(木曜日)　阪神

阪神版
神戸支局

居すわりは強制執行
来月十日までに戒告書
武庫河原の不法占拠

武庫川河原の不法占拠者の立ちのきについて六日、神戸国際会館で県、尼崎、伊丹、宝塚、西宮四市の関係者会議が開かれ、県から金井副知事、尼崎、伊丹、宝塚、西宮四市は建設部長と民生部の各担当課長が出席、各市の情報を交換、四月二十五日県が六百二十三世帯に立ちのき警告を出したが中武庫川関の三十世帯は立ちの合計年八月二十八世帯は流失、収容者にいるためあわせて五十世帯は事実上立ちのき、十日ごろまでにさらに二十一三十世帯が立ちのく予定。立ちの合者には一世帯平均三人に対し県が三万五千円を移しつけ金として渡していると報告された。

県はこんどの立ちのき勧告について残留している人には七月十日までに戒告書を発し、遅くとも七月末から八月上旬までに立ちのきを完了させる方針で、もし居すわる人には強制執行の手段をとることもやむをえないとの態度を表明、各市の関係者に協力を求めた。

7

神戸新聞
昭和36年6月9日　金曜日

武庫川川原へ 奉仕の三輪
引っ越し手伝う

「武庫川川原から立ちのく人たちの引っ越しを手伝いましょう」と兵庫県西宮土木出張所に申し入れていた尼崎市園田八ノ三三、商業吉永和三郎さん(40)が八日からオート三輪で引っ越し荷物の無料運搬を始めた。吉永さんは自分が苦しいころ苦しい生活をしていた体験から川原の人たちの身の上に同情していたが、ゼノー神父の「住人に誠意を贈ろう」との呼びかけを聞いて感激、この奉仕を申し出ていた。

この日は午前中、尼崎市稲葉荘、阪神国道武庫大橋北側の三人世帯、午後は西宮市鳴尾町三、旧国道武庫川橋下の五人世帯が、それぞれバラックを立ちのくのを手伝い、尼崎や大阪へ荷物を運んだ。中には病人をかかえた世帯もあり吉永さんの気くばりした仕事ぶりに感謝していた。立ちのきが終わる日まで希望者の手伝いをするという。

(写真はバラックの引っ越し荷物を積む吉永さんのオート三輪＝旧国道武庫川橋西詰め)

武庫川の不法占拠対策決定　連絡会議
十一日戒告書渡す
一カ月の期限つけ　強制立ちのき措置

武庫川川原の不法占拠部落の立ちのきを促進するため、六日午後一時から神戸国際会館で兵庫県、西宮、尼崎、宝塚、伊丹各市、警察担当者の連絡会議が開かれた。県からは金井副知事、辻土木両部長、矢野河川課長らが出席したが、十一日に「戒告書」を出し、一カ月間の期限を切って七月十日以降の残留者には強制立ちのきを実施することになった。

同河川には六百三十八世帯、二千百二十七人の不法居住者がいたが四月二十五日に県から出された「立ちのき命令」でこれまで三十一世帯、九十人が移転しただけだった。この「命令」の期限が十日で切れるので、こんど「戒告書」を出すことになったもので、十一日から三、四日間かかって「戒告書」を手渡す。県としてはできるだけ紛争を避け、円満に解決できるよう、西宮土木出張所河川管理係員を臨時に八人から十四人にふやし、他の所員も応援して説得、自主的に立ちのくよう指導するという。しかし、戒告期間が過ぎれば、強制執行もやむを得ないとしている。

昭和36年6月19日　月曜日　朝日新聞

(12)　阪神版

神戸支局　生田区京橋花町朝日ビル内　電三宮(3)四一四四一四九
阪神支局　西宮市与古道町七八（？）　電代表西宮(3)五一五一
尼崎通信局　昭和通　電大阪(48)六七六一
宝塚通信局　宝塚市伊子志　電二五六〇
伊丹通信局　伊丹市桜ケ丘二　電三七一七

やっと一人歩き

武庫川原　再起した立ちのき者

県の立ちのき命令にもかかわらず、武庫川原の不法占拠者のうち十七日までに立ちのいたのはわずか九十五世帯で、残る五百八十三世帯は居すわりをつづけている。この中には、立ちのきたくとも、土地や資金がないため、やむなく引っ越せない者や、人生に希望を失って無気力な人、それに"ごね得"を計算に入れている残留者など、いろいろな人がいるといわれる。だが半面、立ちのきを機会に第二の人生に向かって再出発している感心な人もある。さる八日尼崎市へ引っ越したAさん(四〇)で、奥さん(三三)と二人で毎日くず拾いに出かけて、立派に自活、また長男(三)は染め物職人として勤め、貧しいながらも家族三人楽しい生活を送っているという。

Aさんはこの喜びについて十七日、次のような手紙を西宮土木出張所へ寄せて来た。

こんどの立ちのきは私の人生に再起の決意を与えてくれました。人間一度落ち込んだ生活をすると、なみたいていの努力では立ちあがれません。私自身、水害の恐ろしさや、自分の将来のことを思うと、夜も眠れぬことがしばしばでした。このたびはみなさんのおかげで、やっと一人歩きのできる希望に燃えています。引っ越し第一夜を新住居で迎え、久しぶりにぐっすり眠りました。荷物を運んで下さった清水さんの好意にも深く感謝しています。

ドロ衣装、つけたメダカの、初泳ぎ

ドロの中に冬眠していたメダカも、春の水に浮いて初泳ぎしたという句ですが、現在の私の姿を[illegible]叙し、うれしさでいっぱいです。

同土木出張所前田係長の話によると、Aさんは、もとは相当な生活をしていたが、かけごとにこったため、拾い屋になった。一度は夫婦別れする悲劇もあったが、奥さんのいさめでかけごともぷっつりやめ、再起を決意したらしいという。

同出張所では、こうした生きた教訓をもとにして、残留者に「Aさんのように第二の人生を求めて再出発してください」と早く立ちのくよう呼びかける。

神戸新聞

昭和36年6月11日　日曜日

阪神版

武庫川川原の立ちのき問題

さらに一万五千円

月末までの立ちのき者に交付

武庫川川原不法占拠部落の立ちのき期限の十日を迎えた西宮土木出張所は同日、各地区にグループをつくっている家と生活を守る会、三光親交会、昭光会、よせ場グループ（以上尼崎市）清和会（西宮市）親和会（宝塚市）および伊丹市内川住グループの各代表を招いて個別に懇談し、十二日から「七月十日の立ちのき」の戒告書を渡すことを事前に通告、円満に立ちのきができるよう話し合った。

＜席上県側から＞立ちのき者にはさきに決まった一世帯（三人家族）三万五千円の移転補償金のほかに、新しく六月三十日までに移転を終わったものには奨励金一万五千円を出すことになったと発表した。各代表はこの点を了解し、さらに各グループへ帰って事情を説明することになったが、中にはまだ強硬にいすわりを主張するところもあった。奨励金が加わったので、立ちのき者には最低五万円が保障される。なお十日にはついに一戸の移転もなく期限までに引っ越しを終わったのは四十一世帯だが、一両日中に五、六戸が立ちのく予定になっている。

讀 賣 新 聞

昭和36年(1961年)6月20日 (火曜日) 15版 (10)

〝河原の住民〟に家の贈り物

工場敷地投げ出し まず50世帯収容

〝夢〟かなえた婦人保護司

―尼 崎―

室井一子さん

河川敷きを不法占拠しているため兵庫県から期限つきで立ち退きを要求されていたが、行く先がなく暗い毎日を送っているクズ屋さんたちに地区の婦人保護司が、夫の経営する工場敷き地をそっくり投げだし、とりあえず五十世帯を収容することになり「これであすへの希望ができました」とクズ屋さんたちは大喜び。二十日午後、集団引っ越しをする。

喜びにあふれペンキで商品回収車をぬり直す住民たち

武庫川の河川敷きには戦後家のない人たちが無許可で住み着き、いまでは不法占拠のバラックは尼崎市分三百九十九世帯（千百九十七人）宝塚市分九十七世帯（三百八十三人）西宮市分八十五世帯（三百八十七人）伊丹市分五十七世帯（二百六十人）計六百三十八世帯（二千二百二十七人）にもふくれ上がった。兵庫県では河川管理、環境衛生、消防などの面から三十二年から再三立ち退きを勧告したが、行き先がないので来月十日を期限に強制的に立ち退きさせることになった。

尼崎市のこの地区を担当していた市婦人保護司室井一子さん(四五)＝同市稲葉荘一の五七＝は「なんとかクズ屋さんの自力で家ができないものか」とバラック街を説いて回り、一昨年六月、約百世帯で「三光商会」というよせ屋組合をつくり上げた。室井さんは市内の官庁、会社をたずね、クズ物は三光商会と直接取り引きしてもらい、この利益の一部を手持ち資金用に積み立てていた。これで雑居生活のメドがついたので「自分が責任を持つから」と月賦返済で土地のあっせんを県や市に頼み百度を踏んだが立ち退き期限までにはできないことがわかった。

立ち退きの期限は切迫、家がないため世間の人からはかげ者扱いにされ、こどもの教育にまで悪い影響をおよぼすようになってはーと室井さんは夫の増井会社社長、徳衛氏に相談、自宅付近の工場を縮小、約一千平方メートルの敷き地に電気、水道つきの十二戸の家を自費で建てた。入居できないものは一時工場を休んでその施設に収容し、おいおい家を新築して百世帯を住まわせる計画を立てた。

この知らせを聞いた同商会のクズ屋さんたちは室井さんの温情に喜び、十九日には積み立て金五十万円の一部でさっそく男はカーキ色の半そでシャツ、女は白のかっぽう着と制服を購入、引っ越し荷物を運ぶ商品回収車も赤かっ色のペンキでおそろいに塗り直した。

二十日には第一陣として三十世帯が引っ越すが、電気もなかったバラックから文化生活へ移ることを両親から聞いたこどもたちは荷物の取りかたづけの手伝いにきた室井さんに「おばちゃんありがとう」とまといついていた。

室井一子さんの話 保護司として当然です。みんなまじめな人ですから移転先でもみなさんの暖かい愛情で包んであげてください。

三光商会代表若永健次さんの話 『まるで夢のようです。室井さんにはなんと感謝してよいやら…。電気、水道のついた家を見てこどもたちはどんなに喜ぶことでしょう。室井さんの温情にこたえるためにうんと働きます』

10

読売新聞
昭和36年(1961年)6月21日 (水曜日) 15版 (10)

河原住民引っ越し 物いいで立ち往生

市が立入り禁止

敷き地は市有 パトカーも出る騒ぎ

尼崎市[illegible]、武庫川かわらの不法占拠、兵庫県から立ちのきを要求され、行く先がなく困っていたクズ屋さんたちに同市[illegible]二ノ五七、[illegible]森井一平さん([illegible])が自分が経営している同市[illegible]町七の工場敷地を提供、二十日まず二十世帯が集団移転した。ところがこの土地は尼崎市からの借地で市は突然立ち入り禁止を通告、せっかくの好意も宙ぶらりんの形になってしまった。

足止めをくった住民をなだめる森井さん(矢印)＝森井化学工業所前で

この日、第一陣として移転する二十世帯(三十二人)は朝六時すぎからバラックを取りこわし、世帯道具を十七台の廃品回収車にまとめて午後三時半ごろ残った者に別れを惜しみながら引っ越しをはじめた。道筋の阪神国道筋では尼崎西署員たちが交通整理に出動、門出を祝ってくれた。午後五時半ごろ移転先の手前約二十㍍まできたところ待ちかまえていた市の係員が立ち入り禁止を告げた。森井さんが驚いて市側をきくと「市有地だのに市にクズ屋さんの引っ越しを許していない」という。森井さんは「市有地でもわたしが借りている土地だから」と押し問答。行く所に困ったクズ屋さんたちは「森井さんにかつがれた」と騒ぎ出す始末。尼崎中央署のパトカーなどもかけつけ、困惑した森井さんは[illegible]からクズ屋さんたちを説得した。森井さんは同夜九時すぎまで市側とかけあったが「市有地の[illegible]兵庫県の[illegible]任だから[illegible]撤回してほしい」と、つっぱね、結局森井さんが「なんとか解決する」とクズ屋さん街[illegible]を説得し同夜は、森井さん宅に全員泊まったが、[illegible]良案もなくした。

この土地は[illegible]年尼崎市から[illegible]借りていたが三十一年森井さんが[illegible]者の[illegible]市から三十一年二月までの[illegible]料でかり、森井化学工業所を経営、せと物のペンキ塗りを[illegible]営していた。

稲田尼崎市助役の話「森井さんの好意はわかるが、地主の市に何んの相談もなく突然、集団移転させるのは許可できない。一晩でも許可なしで[illegible]ならば[illegible]、立ち入り禁止の処置をとった」

森井さんの話「市に無断で移ったのは悪かった。これまで市に相談したところ、尼崎西署は[illegible]相談してくれとのことだったので十七日、尼崎西土木出張所に[illegible]地、貸すことを約していた。クズ屋さんたちにおわびのしようもありません」

毎日新聞

(11) 15版 昭和36年(1961年) 6月21日 (水曜日)

新移転先に「待った」

"武庫川の住民"・夜までウロウロ

女保護司の好意が宙に

兵庫県から強制立ち退き命令が出されている武庫川河川敷のバラックの住人、尼崎市額ケ田の三十世帯七十五人が二十日、大八車二十台余を連ねて集団移転をはじめた。ところが尼崎の一婦人保護司の好意で提供された移転先の工場敷地が市有地であるところから、尼崎市役所がこの集団移転に「待った」をかけたため、バラックの住民たちが"新天地"にはいれず立ち往生。引っ越し荷物を路上に置いたまま、夜にはいっても婦人保護司と市側の交渉の成り行きを不安そうに見守ったが結局話し合いがつかず、同夜は残った三十二人が堤防上で不安な一夜を過ごした。

尼崎、西宮、宝塚、伊丹四市にまたがる武庫川河川敷には終戦直後から家に困った人たちが多数がバラックを建てて住みつき、最近では六百八十三世帯に達しているが兵庫県は治水対策上好ましくないとの理由で四月末「強制立ち退き」の強硬方針を決め、立ち退き命令書を配布、ところがこの人たちは行き先がないところからいっこうに立ち退きが実現しそうにない。

この事情を知った尼崎市西大島梅楽荘一の五七、同法保護司、室井一子さん(五〇)が「なんとかわたしの力でできるかぎりのことをしてやりたい」と市から借りている工場敷地(一、二〇〇平方㍍)をこの人たちに開放することを考え「バラックなら住居も提供、ガス、水道も引いてあげよう」と申し出た。行き先がなく困っていた三世帯、岩本健次さん一家と、岩本さんに雇われているバタ屋三十世帯=計七十五人=が"集団立ち退き第一号"として二十日午後四時前バラック三十むねの取りこわしを完了、大八車二十台に世帯道具と古材木を満載、全員そろって集団移住を始め、阪神国道を通り同五時過ぎ約四キロ離れた移住予定地の尼崎市東高洲町、室井化学工業=室井一子社長=前に到着した。ところがこの土地は市有地のため同市管財課では係員数人を派遣、バタ屋たちに立ち入り禁止を申し渡した。

堤防上にズラリと大八車を並べ交渉待ちに不安な河原の住人たち

一方、室井さんはこの突然の申し出にびっくり「すでに家もこわし帰る家もない人たちだから、せめて今夜だけでもあいている工場敷地に泊めてほしい」と交渉したが、市側は強硬にこの申し出をけり、大八車をひいてきた"川原の住民"たちは付近の運河の堤防上に立ち往生した。約五時間室井さんと藤井市管財課長の間で押し問答が続けられたが話し合いがつかず、女子供もいることとて同夜十時半ごろ室井さんが「あす話し合う」ということで室井さんの自宅のオート三輪を提供、成り行きを見つめていた三十二人の人たちを[illegible]荘の自宅に預けた。

室井さんの話 市有地の土地は市から室井化学工業が三十一年借り受けた土地で、同市管財課では「[illegible]」と強硬に[illegible]。

室井一子さんの話 市から借りているこの土地だが、県から指定された立ち退き日が迫っており、困っている武庫川の住民たちがかわいそうで[illegible]全く申し訳ない。

藤井市管財課長の話 室井さんに貸した土地は最初二百六十平方㍍だったがそれを市に無断で拡張、現在は市有地いっぱいの千二百平方㍍を使っている。利益者の工事のためというので一年契約で貸している土地だ。しかも貸借期間は来年三月で切れ、その後は市に返還してもらうことになっており、そんな土地に一時にせよ入居させるわけにはいかない。

12

神戸新聞

昭和36年6月21日　水曜日

新天地を前に 大八車動かす

地主 尼崎市が待った

武庫川原住民 移住の夢消える

新しい居住地を前に立ち往生する大八車

毎日新聞

昭和36年(1961年)　6月26日　(月曜日)

神戸版

血の通った救済を

神戸新聞

昭和36年7月4日　火曜日

強制立ちのき再確認

武庫川バタヤ部落　11日以後には執行

金井兵庫県副知事、一谷企画部長、辻[illegible]企画部参事および矢野河川課長らは三日、武庫川不法占拠住民対策を打ち合わせ、十一日以後は代執行命令で同河川原の残留者に対し強制退去措置をとることを再確認した。

この日の会合はいよいよ数日後の代執行期日を控えて、残留住民の同情も薄く、また世論の動きも無視できないとの考えから、県の最終態度決定のために開かれたが、県は「立ちのき指導にはできる限りの手はつくしており、十一日からは強制排除しか方法がない」と意見が一致した。

三日までに退去した住民は[illegible]九世帯八百二十二人、同川原には二百戸余、なお三百四十世帯約千三百七十人が残っている。残留住民も「この土地を離れたら仕事もないし、生活が出来ない」とか、「[illegible]で、戦時中の徴用から終戦となり、しかたなく川原に住みついた。いまは[illegible]もさす、行く先もない」などの事情があり、立ちのくためには土地や家のあっせんおよび金銭補償をという条件をつけている。

県はこのため、不法占拠者とはいえ、あくまで県民、または市民ということで、一世帯あたりまたは同居人平均三人当たり立ちのきの資金[illegible]万[illegible]千円、退去補償金一万五千円、計[illegible]万円余出して県が[illegible]発しているが、移転地のあっせんや県、市営の収容施設へ受け入れ斡旋することは一般市民とのかね合いもあってむずかしいとの態度をとっている。

西宮市とも県と同じ態度で、立ちのき後の生活相談などには応ずるが、[illegible]期限の切れる十一日以後は「不法占拠者」として強制排除措置をとるとの強い態度をとっている。

14

読 売 新 聞

昭和38年(1963年)8月22日 (木曜日)

阪神支局
尼崎市西御園町85
(電大阪⑧6748 6749)
通信部
西宮(電③5062)
西宮市池田町17
芦屋(電 5758)
芦屋市公光町37
宝塚(電 2956)
宝塚市川面字広草
川添2の12
伊丹(電 3010)
伊丹市宮ノ下162

法と善意の板ばさみ

尼崎市会 県、市へ対策要望

かわら住民の立ちのき

尼崎市額田町一の五七、西浜保郷町、室井一平さんらの世話で集団移転した武庫川かわらのクズ屋さんたちは、移転先が市有地のためはいれずに困っているが、尼崎市会はこの問題が初めから出発していただけに放任できないとして、二十一日午前十一時から各会派正副幹事長、総務、建設、民生経済各常任委員長が招集、緊急対策協議会を開き「市有地への引っ越しは違法の疑いがあるからといっても法的に許されない。ただ室井さんの好意にすがって立ちのいた人たちをこの非法放置することは人道上できないから県、市で十分対策をたてるよう要望する」ことを決議した。一方県企画部の井下参事らと藤井尼崎市長らも同日午後から話し合ったが、一時仮収容所を作ることを決めただけ。来月から「社会を明るくする運動」がはじまるが、違法とはいえ、人の善意は紙風船のようなものなのだろうか。両者のいい分と、同じ立場のクズ屋さんがいる西宮市の阿部(?)推進委員の意見を聞いてみよう。

市「他への影響恐れる」

「最後の手段だった」室井さん

尼崎市会緊急対策協議会で実情を訴える室井さん（中央）

市の意見

問題の土地は元市営刑場跡。室井さんから刑余者の更生のため工場を作りたいとの借用申し込みがあったのでさる三十一年八月一日から三年契約で三百五十六・四平方メートル(一平方メートル当たり使用料三円)を貸した。室井さんはサビ止めペンキ工場の経営をはじめたが、土地がしだいに狭くなったので市には無断で残り一千十四・八一六平方メートルまで工場を拡張、一時四倍になった。このため三十四年四月一日から全土地と契約を結びなおし年九千七百三十四円の使用料をとってきた。この契約は来年三月末で切れるので、その後は隣接した住友金属会社と換地すること決めている。

立ち入り禁止の措置をとったのは武庫川かわらも市有地ならこの土地も市有地である以上、不法占拠にはちがいがないという基本的な考えからで、情実にかられ一時的にも仮居住を認めるとこれまでの例から居すわられる心配があり、もしこれを認めると河かわらをはじめ市内にいる不法占拠者に悪い前例を与える。また室井さんがこの土地使用料を三十四、五年の二年間滞納、やんやのさいそくでやっと一年分だけこのほど取り立てたという悪い印象もあるようだ。

こんどの騒ぎについて解決は室井さん個人がすべきだとし、できなければ県が立ちのき費用をいっさい責任を持ってやっているのだから県で処理すべきだという。ただ藤井市長のいう「市有地を無断で使用することは許せないが、室井さんの善意からのことでもあり、また、クズ屋さんたちも尼崎市民だ。できるかぎりの援助はしよ[illegible]ない」という段階には[illegible]時間がかけられそうだ。

室井さんの意見

なんとか立ち上がろうという意欲から三光商会などを結成、力を入れてきた。この人たちの更生にはあらゆる方面にお百度をふみ陳情したが「悪い前例となる」「特別扱いはできない」「土地がない」などの理由でまとまらなかった。そして市と県がともに責任をなすり合ってどこに決定権があるのやらわからず、お役所仕事に何回となくなかされた。

三光商会には約四十世帯が加入しており、ほんとうにしてやっと市内の会社、工場などに代行員を通じないで直接契約できるよう便宜をはかったが、この事業を私しようとか、この人たちを利用してもうけてやろうなどの考えは少しもない。再就会は商会結成以来三年間で少しずつ積み立てて五十万円にもなったが、これは全部立ちのき料にあてることにしている。

市有地に無断で家を建てかけるということはたしかにいけないことかもしれないが、クズ屋というだけで、どこの地主も土地を貸してくれなかった。だから最後の手段を取ったまでで、最終的なものではない。会社も一時閉鎖して収容所にしたいと思い計画したことで、こうなればわたしたちの責任を考え、なんとか善処してほしい。

室井さん非難は気の毒

社会を明るくする運動西宮地区推進委員 加島政秀さん

新聞を見てはじめて知ったが、室井さんが尼崎市にひとこといっておいたらよかったと思う。しかし、尼崎市当局としても一度期限をつけて貸しているのだから、せめて積極的になんとか話し合いはつかなかったのだろうか。わたしたちの経験では尼崎市当局はこうした問題にあまり協力的とはみられない。というのは、三年ほど前に、保護司会が尼崎の城内に保護司会館を建てようとしたとき強い反対にあい、お流れになったことがある。この会館には刑余者を入れる計画があったので、地元民から猛反対があったらしいが、それにしても当時、ある市会議員のごときは「建てたら焼いてやる」と放言するほど強硬な反対だった。

市としては地元や市会の圧力なども考えて敬遠しているのかもしれないが、尼崎というところはたしかにむずかしいところだ。室井さんとしてはいいことだから熱心のあまり独走よく話さずに進めたのだと思う。しかし、善意の結果が立ちのいた人たちから「だまされた」という非難が寄せられる室井さんには同情する。県ももう少し何とか考えてほしい。

阪神版

神戸支局 神戸市生田区栄町 81、82、83 2044
阪神支局 西宮市六湛寺町 18の5
尼崎支局
宝塚
伊丹

住民立ち退きどうなる？

武庫川河原

救済策がない

土地提供は空中分解

既報、武庫川河原のバラック街の人たち三十二人が集団立ち退きをしてみたものの移転先が尼崎市の市有地だったため、移転できず、落ち着き先がなくなった。結局、引っ越し騒動一段後ののち県、市のあっせんでまた武庫川堤でテント生活をすることになった。一婦人保護司が「自分の所有地を開放する」という"善意の贈り物"がとんだ社会問題のタネをまいたことになったわけだが何故"善意の贈り物"は空中分解しなければならなかったのか。"河原の居住者たち"はどこへ行くのか―。

尼崎市会に傍聴する室井さん(中央)たち

○…"善意の贈り物"をした同市保護司、室井一枝さんは保護司を勤めている関係からこの河原のバタ屋さんやヨセ屋さんたちの世話をし廃品回収業の「光商会」の会長も勤めている。室井さんがプレゼントしようとした問題の土地は千二百平方㍍。市当局から室井さんが社長をしている室井化学工業がさる三十一年借り受けその後三十四年に「同社の処理施設として使う」の条件で三年契約となっているもの。室井さんは「県から指定された立ち退き日がせまっており市から借りている土地だがとにかく武庫川から立ち退くことが第一だし、県からも武庫川の住人たちからも喜んでもらえると思ってやった。市有地の使用については市管財課に事前に許可を得るべきだったが、市側が許可するはずがなく、独断で決めた。しかし、もし後日、使用問題でもめた場合は後押ししてくださいと十七日、立ち退き命令を出している県西宮土木出張所の小松所長に申し入れていた」という。これに対し市側は「たとえ作業場として市が貸した土地で、たとえ一晩でも多数の人を収容されては困る」と"入居待った"をかけた。「例え事前に室井さんから話が市にあっても市としては断わるほかなかった」といっているが「バラックをこわして移転してきたのだからせめて一夜だけでも」という訴えも拒否した市のハラは"一度入居を許せばずるずるべったりになることをおそれたわけで、ここらに一見冷酷ともみられるような強い態度を市にとらせた"騒動の原因"がありそうで「同情がなく、手落ちがあった」（室井さん談）ようだ。

○…問題を重視した尼崎市会は県土木西宮出張所と市当局の意向を聞いた。その結果①市有地使用の許可権限はなく、②帰るに家のない三十余人のこんごの処置については県、市が早く善処してやることなどこんごの立ち退き問題については県が、再び問題を起こさぬよう努めてほしいなど決め、市会正副議長らが解決へ助力することを約束した。また

武庫川河原の居住者で組織している会、約[illegible]人の会長室井[illegible]さんら代表六人も同市会を訪ね[illegible]に「我々も県の命令だからすでに一日も早く立ち退きたい[illegible]努力をつづけてきたが、よい方法がなく現在に至っている。また

すでに立ち退いた人もいるが、[illegible]の居住者というので再び立ち退きを迫られている現状。また[illegible]も[illegible]視されがちで、[illegible]としても忍びがたい。県のいう[illegible]では[illegible]問題にも限界が大きいので、この際余り時間をかけず[illegible]を解決してほしい」と決意を[illegible]して

居すわっているのではないこと[illegible]ので、一日も早く立ち退きたいと思っている」と陳情した。しかし阪本市長のいうようにこの人たちに対し個別な救済策は市としてはいまのところないようで問題解決はまだ[illegible]なかなか難航しそうな雲行きである。

16

毎日新聞

昭和36年(1961年) 6月22日 (木曜日) 15版 (10)

今後はテント生活に

武庫川住民 解決策がみつからず

尼崎市から市有地への入居を拒否され立退きを続けている武庫川河原の住民三十二人の問題について二十一日午後、山下兵庫県企画部参事、小松西宮土木出張所長らが尼崎市役所で午後四時から藤井市長、松代建設局長らと解決策を協議した。席上「尼崎市側は土地をあっせんする用意もない」と従来の態度を固執したため、結局の集団移転をあっせんした同市西大島研究所理事、同法保護司、室井一平さん(三五)が正式の行き先の決まるまで三十二人の面倒をみるのとこれが不可能な場合、県がテントを貸し、第二阪神国道付近の武庫川左岸堤防上にテントを張り、ここに移転させることで話がつき、二十一日夜は室井さん方で宿泊、二十二日からはまた元の武庫川堤でこんどはテント生活を続けることになった。

兵庫県と尼崎市が公有地の提供を断わった理由は室井さんが市に無断で事後承諾のような形をとって市有地入居をはかったという感情的なものもあるが、根本的なものとしては尼崎市がこれらの人たちの入居を認めた場合、同市には武庫川堤防で行き先もなく居すわりをしている約四百世帯一千二百人のほかに他の河川や市道を不法占拠している人も多く、これらの人たちがこれを前例として市有地を占拠することを心配したこと、また強制立ちのきを命じた兵庫県にとっても同じような居住者たちをかかえている西宮、伊丹、宝塚の各市と尼崎が同一歩調をとってこの立ちのき問題を解決してほしいという願いなどが重なってこの強い拒否態度となったもの。

これに対し立ちのき者達は案外平静な態度をみせ「すべて室井さんに任せているのでそのうちきっと解決します」といっている。

1.7

神戸新聞（夕刊）

第22888号　昭和36年(1961年)6月22日　木曜日　(日刊)

まかり通る

武庫川原住民の立ちのき

武庫川の川岸に家を建て、不法占拠のかどで立ちのきを迫られていた久保さんの三十世帯を、自分の夫の工場敷地に収容しようとした尼崎の司法保護司の考えが、尼崎市役所にはばまれて一もんちゃく起こったという事件は、いろいろとむずかしい問題を含んでいる。この保護司は、この部落の自立更生のため、よせ屋組合を作り、その利益を積み立てて引っ越し費用にあてる計画を着々実行していたというが、引っ越し先の敷地のあっせんを市に頼んだがラチがあかないので、自分の夫の工場に一応三十世帯を移転させたいというのだ。が、ところがこの敷地は市からの借り地で、来年三月には他へ返すことになっており、市の方では新しく十三世帯もはいって腰を落ちつけられては、また新たな移転問題で悩まねばならないので、入居を拒んだという。

◇

この場合、保護司の善意を疑うわけにはいかないし、市役所の言い分にも理由がある。問題はまだハッキリ決まらない間に、前の住居をたたんで引っ越して来たというところにあると思われるが、どちらに手落ちがあったにしても、立ちのきを命じる以上、その両機関についてはもっとしっかりしたものを用意してかからねばならないということを、この事件が改めて教えているといえる。武庫川だけでも六百三十八世帯二千百何十人かがバラック建の家で不法占拠しているというが、神戸市内にも相当のものがある。立ちのき先の代替地をみつけたり、家を提供することは容易でないし、またあまり保護しすぎると悪い結果を招かないとも限らないというむずかしい問題ではある。だがあとは知らぬというのでは立ちのきの方がますますむずかしくなるであろう。

◇

何としても当局がまず代替地を作ることが先決だが、それを無条件で提供するということでなく、入居者自身も自力更生をはかる建て前で、積み立てするなり、あとからきびしくするなりして、その費用をまかなうというのが理想的である。こんどの場合も組合を作ったというが、東京の「アリの街」も立派に更生して清潔な家を建てている。つまりどんな事情があるにしても、不法占拠したものが勝ちだという観念をなくすことが根本であろう。その根本を解決することも難問題だが、住居者の反省と努力と、当局の誠意と努力次第で不可能ではない。第一、不可能といっておれば、いつまでも解決しない問題なのである。こんどの場合だけでなく、居住者も当局も、真剣に取り組まねばならぬ問題であろう。

（池添秀太郎）

18

神戸新聞

昭和36年6月23日　金曜日　(10)

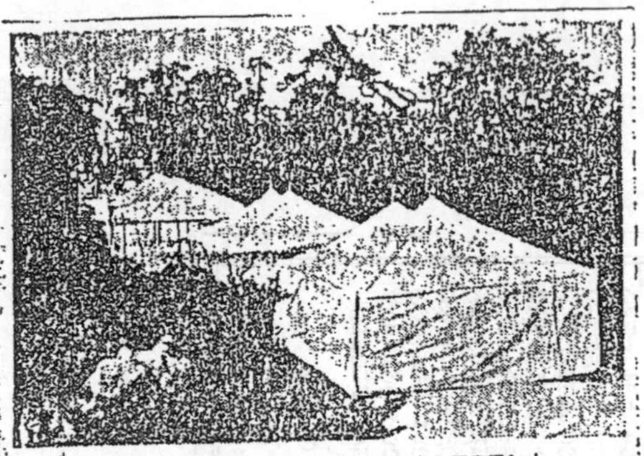

武庫川堤防の上に建てられたバタ屋さん用のテント

一応はテント村で

武庫川原立ちのき　バタ屋さん側折れる

武庫川河原を集団で立ちのいたが目ざす"新天地"(尼崎市東高洲町一)にはいれず、立ち往生していたバタ屋さんの行き先きが注目されていたが、兵庫県側は二十二日夕方、第二阪神国道北側の武庫川河川堤防に仮住まいとして"テント村"をつくった。バタ屋さん二十六世帯四十七人は二十三日早朝からテントに移住することになり、四日目に一応の解決が得られることになった。「せっかく自分たちが決心して立ちのきをしたのだから、これ以上迷惑をかけるのは本意ではない。多少の不便はがまんしよう」とバタ屋さん側が移転を決めたためやっと落ちついた。バタ屋さんの作業場は第二阪神国道の両側堤防をあて、水道も県でひく予定。しかしこのテント村での居住期限は代執行の行なわれる七月十日までのため、今後県、尼崎市の話し合いにより適当な土地、家屋のあっせんがない場合には問題は再び悪化する見通しが強い。

19

阪神版

せっぱ詰まり市有地入植策

既成事実で力の対決

バタ屋さんらの言い分　根本策欠いた当局

第二阪神国道北側の武庫川左岸に県が二十二日午後仮住居用のテントを建てたが、川原を立ちのいて立ち往生しているバタ屋さん一行は、このテントに行けず、リーダーの尼崎市内大島園栄荘一丁目五に、司法保護司宮井一子さん方で三日目の夜を過ごした。励ましの手紙も相ついで舞い込み、住宅を提供する人も立ち寄るなど、暖かい人の味方が現われてきた。宮井さん初め三十人余の人たちがとった市有地入植の"出陣作戦"、そのものは無法であったとしても、それを敢行しなければならなかった理由がある。

[illegible]

百十五世帯が立ちのき　武庫川川原の不法占拠部落

[illegible]

「愛の手をのばせ河川につね日ごろ－兵庫県」という標柱の前で"オレたちには愛の手はのびないものか、と考え込むバタ屋さんたち

20

神　戸　新　聞

昭和36年6月24日　土曜日　14版　(10)

なお対策が立たぬ

家財もはいりきらぬテント村

バタ屋さん一行　働きにも行けず往生

[illegible]

神　戸　新　聞

第22890号　昭和36年(1961年)6月24日　土曜日　(日刊)

正平調

[illegible]

[illegible]

昭和36年(1961年)6月28日　水曜日

災害特報

兵庫広報

第2号

発行・兵庫県企画部広報課

写真提供・神戸新聞社

阪神

小武庫川の水に洗われ、泥んこになったバタヤ部落＝二十七日午後四時半写す

内堤防決壊場所で黙々と作業する自衛隊員＝伊丹市荻野・天神川で、二十七日午後六時写す

神戸新聞

昭和36年(1961年)7月9日　日曜日

武庫川

どこへゆく300世帯

あすが立ちのき期限

武庫川河原のバラック立ちのき問題は、兵庫県の出した戒告書による立ちのき期限七月十日を目前にひかえ、いよいよ大詰めに近づいた。八日現在立ちのいたのは約六百五十世帯のうち三百四十七世帯九百六十人で、まだ三百世帯余りが残っている。県は十日がすめば二、三日のうちに河川法による代執行令書を各世帯に出し、強制執行の期日を通告する。

これに対し残っている住民の大部分は、今月初めつくられた武庫川立ちのき対策連合会（保田次郎会長）に結集し、七日から連日県庁に押しかけて陳情をつづけている。連合会の中心勢力は尼崎の「家と生活を守る会」の約五十世帯、伊丹の「神風県人会」の約六十世帯、宝塚の「親和会」の約六十世帯で、結束が固い。県側は強制執行までにかなり強い抵抗があるものと予想している。したがって、できるだけ自発的退去を求める方針を変えておらず、強制執行の期日も七月下旬になる見込み。

強行期限が過ぎてからも自発的に立ちのいた場合は"立ちのき料"が支払われる模様。しかし最終的には警察力の使用もやむを得ないとしている。まだ残っているのは「ほんとうに行き先がない」人が多いだけに強制執行による社会問題は大きい。

なお、先月二十三日から第二阪神国道北側の武庫川左岸堤防でテント村生活をしていたよせ屋グループ三栄商会の二十七世帯四十一人は八日から立ちのきを始めたので、県は残していたテントを九日撤去する。

神戸新聞（夕刊）

昭和36年7月10日　月曜日

県庁退去へ警官隊

ナベ、カマ持ち込む　武庫川原住民150人に

十日の期限で兵庫県から立ちのきを迫られている武庫川河原の住民たちのうち、武庫川立ちのき対策連合会の保田次郎会長ら約百五十人は同日も朝から兵庫県庁知事室前ですわり込みを続け「阪本知事に会わせろ」とねばった。住民たちは七日から徹夜ですわり込んでいるがナベ、カマなど炊事道具も持ち込んで、持久戦の構えを見せ、知事室前廊下は事実上通行止めのありさま。県は同十一時の常務部長会で対策を協議したうえ、午前十一時すぎ、高岡管財課長から「庁舎管理上困るので立ちのくように」と命令を出し、二回も警告したが、住民たちは「知事に会うまで帰れない」と頑張ったため県は県警機動隊員に出動を要請した。同機動隊と生田署の警官約九十人が同二時十分出動した。

武庫川河原の尼崎、西宮、宝塚、伊丹、川西の各市には終戦後仮住宅からバラックを建てて住む人がふえた。ところが、川原に住むのは河川法で禁じられており、危険なうえ衛生、防犯などの問題もあり、県は三十五年六月、三十六年九月についで本年四月と三回にわたり立ちのき勧告書を出したが、効果があがらず、今月十一日「七月十日までに立ちのくように」との戒告書を出した。それでも、河川敷に不法占拠している六百五十一世帯二千百三十七人のうち、十日朝までに三百四十七世帯九百六十人が立ちのいただけで、まだ三百四世帯千百七十七人が残っているので、県は近く強制的にでも立ちのかせる手続を進めている。

「退去せねば警察力を行使する」と通告する県保安課

23

神戸新聞

昭和36年7月11日　火曜日

県庁前広場ですわり込み

武庫川原の住民代表

「知事に会わせろ」と十日も朝から兵庫県庁にすわり込んだ武庫川河原の住民たち約百五十人に対し、県は同日正午阪本知事から退去命令をだし、高崎行財課長が口頭でつたえたあと三回も説得にのりだした。それでも住民たちは動かないのでついに警官の出動を要請、兵印、生田署次長から三回の警告ののち、同日午後二時十分、生田署と県警機動隊約九十人が出動した。ところが警官隊の姿がみえると住民たちはやっと腰をあげ「追いだされる前に自発的にでよう」「たたかいはこれからだ」と叫びながら比較的平穏に庁外へでた。つづいて住民たちは県庁前の相楽園広場で決起大会を開き、関係団体にはげまされ、さらに同広場でテントをはり代表二十人が徹夜のすわり込みを続けた。

一方、県からの立ちのき戒告書の期限は十日で切れたのに、まだ千人以上が不法占拠をつづけているため県は近く代執行の命令書を渡し、強制的に立ちのかせる準備をすすめている。

記者手帳

円満な立ちのき指導を

▲…兵庫県が武庫川河原に住む人たちに出していた立ちのき戒告書の期限も十日で切れた。これまでに三百七十世帯あまりが立ちのき、十年近い川原の生活に別れをつげたが、まだ百七十四世帯、千百三十人がのこっている。このうち二百人近くは七日から連日県庁へ「知事に会わせろ」とつめかけ十日には警官の出動さわぎまで起こった。ナベやカマまで持ち込んでねばった住民たちもいかめしい警官の姿をみると、自発的に腰をあげ大事にならなかったのはまたしもさいわいだった。

▲…「五万円ぐらいの金をもらっても河原に行く先がみつからない」「川原を追われると生活が失う」と住民たちがくちぐちに訴えるのも事実だろう。しかし、終戦後十年あまり"不法占拠"の汚名をきせられ"放置"された悲惨な生活だ。ただ水川原から出ていっても続けた住民たちの生活は決して恵まれたとはいえない。ちょうど県も立ちのく人たちには一世帯平均五万円の移転補償金を出すという"温情"をしめしている。住民たちも大水に流され、渋滞に見舞われた暗い川原の生活と縁を切るチャンスとみてできるだけの努力をするときではないだろうか。もちろん県も戒告書の期限が切れても強制一本やりでなく最後まで円満な立ちのきの指導をすべきだが。（辻）

神戸新聞（夕刊）

昭和36年7月12日

武庫川原の不法占拠

兵庫県　強制立ちのきへ踏み切る

10日間の猶予置く

摩擦避け　一時テントに収容

兵庫県は十日の立ちのき期限を過ぎても不法占拠を続けている武庫川原の住民に対し"数日中に代執行令書を出し、その後一週間―十日間の猶予期間をおいたうえ、いよいよ強制的に立ちのかせる"ことを十一日決めた。しかし、強制立ちのきの場合も、行く先のない人のため、現場近くにテントを張って一時収容するほか、生活保護世帯などはあらかじめ県や各市の施設にいれるなど、できるだけ摩擦を避ける方針。

県はことしの四月二十五日までに三回立ちのきを勧告、先月十一日には七月十日までに立ちのくように戒告書を出し、自発的に立ちのいた人には移転補償金などを出した。また就職、結婚の世話もしている。これに対し、住民代表は七日から「知事に会わせろ」と県庁や県庁前広場で徹夜のすわり込みを続けている。

なお、同川原に住んでいた六百九十六世帯のうち、十一日までに四百十七世帯が立ちのき、二百七十九世帯、千百三十六人が残っている。

"土地与えよ"と陳情

県へバラード神父が

バタヤ神父で知られている神戸市葺合区吾妻通五ノ四、暁光会のロベール・バラード神父(?)も、武庫川の居住者立ちのき問題で十二日正午まえ、兵庫県庁に陳情した。二、三年前まで武庫川のバタヤ部落内に保育所を経営していて立ちのきを求められている人には知人も多いので、先日来心配していたが、じっとしておれず、やって来たという。

神父は矢野河川課長に会い、フランス語なまりの日本語で「お金を渡してもすぐに飲んでしまう人もいます。県が土地をあっせんして、あの人たちが社会に復帰できるようにして下さい。この状況で追い散らしてもまたどこかに吹きだまりができますよ」と訴えた。

矢野課長は「とにかく立ちのいてもらい、その後の措置は保護行政のワク内で行なう」という県の方針をくりかえし結局は出なかった。

産業経済新聞

昭和36年7月21日

組合旗を無断で貸す

市職組の執行委員 武庫川原反対運動に

尼崎

尼崎市職組（[illegible]組合長）の組合旗が一執行委員によって無断で武庫川原の不法占拠住民たちに貸し出され同川原立ちのき反対運動に使われていた。同市職組は立ちのき反対運動を支援するときめていないのであわてて対策を検討している。同川原の住民たちは兵庫県の強制執行を前に立ちのき反対協議会（[illegible]会長）を結成して活発に運動、これに対し全日自労、北西支尼崎市委員会などから武庫川堤防上に数本の赤旗が立った。このなかに同市職組旗がまじっていたので市民から「市職は支持しているのか」との問い合わせがあり、おどろいた市職組が調べたところ二十日、執行委員の一人が無断で対策協議会側に貸したものとわかった。

組合旗を掲げるのは対外的な組合運動の意思表示となるので市職組は大弱り、規約を調べたが組合旗についての規定は何もない。

"貸した組合旗"は武庫川原でへんぽんとひるがえっている。

相良尼崎市職組書記長の話 支援の申し入れを受けたが問題が複雑なものなのでまだ態度をきめていない。執行委員が組合旗を貸してしまったのは軽率で、本人も「まずいことをした」といっている。誤解されては困るので至急正式な態度をきめ、支援しないのなら旗は返してもらう。

神戸新聞（夕刊）

昭和36年7月17日 月曜日

武庫川堤防上で土木出張所員につめよる住民

武庫川原

複雑な表情で受ける

汗だくて代執行令書渡し

兵庫県はことし四月二十五日武庫川川原の不法占拠居住者六百三十七世帯を立ちのかせることにし、六月十日を期限とした立ちのき戒告を出していたが、なお二百四十八世帯（九百九十八人）が立ちのかないので、十七日、これら世帯に河川法にもとづく行政代執行令書の配付を始めた。同日は伊丹、宝塚両市内の百三十世帯（五百七十人）を対象に午前中に大部分の配付を終わった。しかし一部では住民の反対にあい難航した。十八日一斉、四百二十八人に配布する。令書によれば強制執行は七月二十八日から八月十二日までに行なわれる。なお県は強制[illegible]のないものは七月二十八日から八月末までテント張りの仮収容所を設けて収容する。

この日、小松[illegible]土木出張所長ら県の職員三十六人が四班に分かれ伊丹四十三世帯、宝塚八十七世帯のバラックを一軒ずつ訪れた。伊丹、宝塚両市から立会人が参加したほか、伊丹、宝塚両署の警官約三十人が万一を警戒して県職員を護衛した。令書を手渡された人はいずれも「くるものがきた」と複雑な表情で汗をかくながら受け取り、中に「ハンコ」を押す人もあった。しかし大部分はやっぱり[illegible]、不在の家も多かったのは後日の配達のため[illegible]。

[illegible]を[illegible]ながら令書を[illegible]ていた。とくに伊丹地区の中心部付近では日本共産党伊丹市委員会の宣伝カーが朝から県職員にかけつけ住民をひるがえし、住民ら約三十人とともに県の車を取り囲んだ。住民らは「このような強圧的な態度をやめよ」と強く抗議、令書の受け取りを拒否した。

このため県は令書四十数通を手渡すことができず、[illegible]いったん[illegible]もつきかえされて[illegible]引き揚げた。

神戸新聞

昭和36年7月19日

代執行令書を一括返上

武庫川原住民 県庁へ押しかける

十八日午後三時ごろ白ハチマキ姿の武庫川不法占拠住民約四十人が兵庫県庁に押しかけ、代執行令書を一括返上するという騒ぎが起こった。

武庫川原の現地で十七日、県から強制立ちのきを執行する旨の代執行令書を受け取った[illegible]さんら伊丹地区住民四十人で「県が[illegible]を動員して代執行令書を配布したことは同地住民に対する挑戦だ。県のこのような暴力的命令には応じられない」との抗議文を手渡すとともに、中山県河川課長補佐に対し前日渡された約三十通の代執行令書を返上して引き揚げた。

県は「代執行令書は配布と同時に効力を発するもので、いったん受け取られたものであるからこんどの法的効果に変わりはない。強制排除は引きつづき行なう」との態度である。

25

毎日新聞

昭和36年(1961年) 7月20日

警官隊が救い出す

武庫川原 立ちのき 令書配りを囲み乱暴

兵庫県の武庫川河原バラック住民に対する強制撤去代執行令書の配布は十七日の伊丹、宝塚に続いて二十日早朝、尼崎西署管内の八十六世帯に対して行なわれた。同朝六時県職員と尼崎西署員、私服警官ら約二十人の応援を得た県河川課職員ら三十六人が七班に分かれ、阪神国道武庫川大橋東詰め付近の河川敷に住む八十六世帯に令書の配布を始めた。ところがほとんどの住民が受け取ることを拒んだため、バラックの中に令書を投げ込むという方法で配布を続けた。

ところが[illegible]をしていた住民約四十人が「一方的な配布だ」と係員に詰め寄り、バラック部落の中心部につくられた「武庫川立ちのき反対期成同盟会総本部」のテントの中につぎつぎ連れ込み抗議した。このもみあいで係員十五人がこづかれてシャツを破られるなど険悪な空気となったため八十六世帯のうち六十六世帯に令書を配布しただけで警官に救出されながら引き揚げた。

神戸新聞

昭和36年7月22日

読者の欄

武庫川原住民の立場に同情

無情な法の優先

神戸市兵庫区下沢通1丁目16 田村 光夫

◇いまは、民衆の解放や後進国の解放に向かって大きく動いている。[illegible]、どこの国も米国でこの動向をくり返し強調して叫んでいた。人間が、なにものにもかえがたい尊さを根底にされた「日本国憲法」は、人間らしく生きぬくための衣、食、住など、働く権利を守ってくれるはずである。また国民の一人々々は、最低の生活を保障しうるだけの権利を要求することもできる。しかし平方米の"ゼイ"のかぎりをつくした豪壮邸宅に住む階層がある半面に、安住のところさえ与えられぬ悲惨な階級がある、という現実もまた否定できないという矛盾がある。

◇そして、その不合理性をどうすることもできぬところに人間社会の"最大の悲しみ"が存在する。住む家どころか、それを建てる土地さえないということが、いかに法律にもとづくといえ、この人間社会にあってよいものか。私はいま、日夜、強制立ちのきにおののいている武庫川の人たちの身をしのび、胸の痛みを禁えずにおられない。法治国においては、場合によって人権より"法"が優先することがある。社会秩序を保つうえ、それは当然といえよう。しかし、いま武庫川の人たちにふりかかっている問題は、単に"法の優先"ですまされぬものがあろう。

◇赤字財政から解放された"健康県"である。阪本知事のヒューマニズムのあふれた県政は至るところに実りつつある。財政面で発揮したその手腕を社会政策面でもふるえぬことはなかろう。"涙と情"の政治をかれらのうえにたれんことを大いに期待しよう。また武庫川の人たちも、決して"迷える羊"とならず人間として憲法で保障された権利を主張するとともに、それを主張するだけの義務ある態度を忘れてはならぬ。"良識ある主張"こそ最後にあなた方に勝利をもたらすであろう。（兵庫県氷上郡・太田頭太郎・農業・65歳）

毎日新聞

昭和36年(1961年) 7月24日

[illegible]眼

迷惑します 勝手に貸しては

◇数日前から尼崎市内の武庫川河原に数本の赤旗がはためいている。強制立退きに反対している河原の住民たちを支援する労組の旗だが、そのうちの一本、尼崎市職組の組合旗をめぐって同職組内で批判の声があがっている。組合旗をたてるということはこの場合"労組支援の意思表示"ということになるのだが同職組は支援態度を決めていたわけではなかった。正式機関にはからぬまま一執行委員が勝手に組合旗を貸したといわれている。

◇それにしても立退き問題は微妙な問題だけに組合のシンボルである旗をこんなに簡単に扱っては"市の吏員は不法占拠を是認しているのか"と市民の誤解を招くおそれが多い。同職組幹部の[illegible]したい

神戸新聞

昭和36年7月26日

赤旗をひるがえす強制執行反対の看視所＝阪神国道武庫大橋付近の川原で

武庫川原に「ヤグラ」と「赤旗」

強制立ちのきに備え寝ずの番

二十八日から行なわれる予定の武庫川河原のバラック強制立ちのきを目前に尼崎、伊丹、宝塚地区のバラック住民で組織する武庫川立ちのき対策協議会（居谷繁次郎会長）は二十五日、阪神国道武庫大橋西側の尼崎側河川敷に強制執行反対の看視所を建てた。高さ約七メートルのヤグラで「県知事は誠意を示せ」「人間として扱ってください」という看板と赤旗をつけている。不測の強制執行に備えて昼夜からその上で不寝番をし、半鐘で住民に非常呼びかけるという。

すでに河川敷には共産党、日教組、全日自労などの赤旗が並び、二十六日にはオルグ団の連絡会議を開くことにしており、強制執行を実力で阻止する気構えをみせている。なお二十五日現在約二百三十戸のバラックが残っている。

26

大阪新聞

昭和36年7月28日

強制立ちのき始める

武庫川原　住民すわり込み戦術

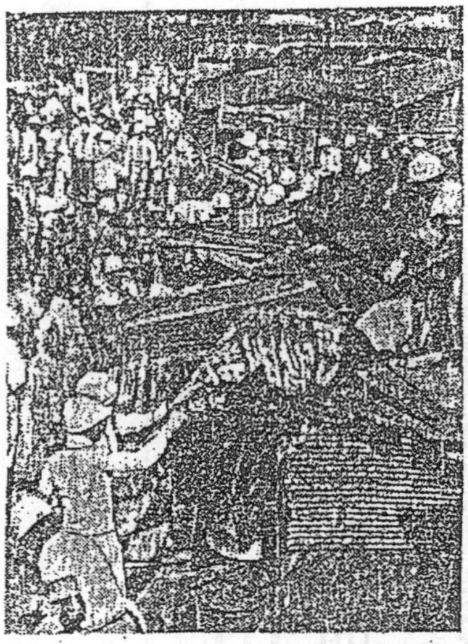

強制立ちのきでとりこわされる武庫川のバラック街

武庫川河原の住民の立ちのきについて兵庫県土木部と西宮土木出張所員らは二十八日朝七時すぎから兵庫県警機動隊員に守られ、強制立ちのき作業を始めた。同日実力行使したのは阪神国道武庫川大橋付近のバタ屋部落五十四世帯二百九人。午前七時前トラック、ジープを連ねて土木部職員や人夫約五百人と県警機動隊第二機動隊員五百人が現場に到着、尼崎地区の部落中央部に立つ高さ約五メートルの見張り台から数人の監視員がドラムカンをたたいて急報する中を県側のマイクが退去を勧告した。約十五分後の七時十分から鉄カブト姿の人夫がバールをふるって強制執行にかかり、すでに立ちのいて人のいないバラック小屋を片っぱしからとわし始めた。これに対し住民たちはとわされなかったバラック小屋内ですわり込み戦術にはいったため作業は約一時間で中断された。

県側は対岸の西宮地区にテント張りの対策本部を設けて指揮しているが、警官隊の援護下に同日中に作業を終わり、住民を約一キロ上流のテント村に移住させると強硬な態度でいる。

新関西

昭和36年7月29日

機動隊ら千人が出動

武庫川の強制立ちのき開始

武庫川河原の住民の立ちのきについて、兵庫県土木部と西宮土木出張所員らは二十八日朝七時すぎ、兵庫県警機動隊員に守られ、強制立ちのき作業を始めた。

同川の流域には現在二百三十世帯約九百人ががんばっているが、同日実力行使したのは阪神国道武庫川大橋付近のバタ屋部落五十四世帯二百九人。

午前七時前、トラック、ジープを連ねて土木部職員や人夫約五百人と県警機動隊第二機動隊員五百人が現場に到着、尼崎地区の部落中央部に立つ高さ約五メートルの見張りなから数人の監視員がドラムカンをたたいて急報する中を、県側のマイクが退去を勧告した。

約十五分後の七時十分から鉄カブト姿の人夫がバールをふるって強制執行にかかり、すでに立ちのいて人のいないバラック小屋を片っぱしからとわし始めたが、住民たちは屋内ですわり込み戦術にはいったため作業は約一時間で中断された。

県側は対岸の西宮地区にテント張りの対策本部を設けて指揮しているが、警官隊の援護下に同日中に作業を終わり、住民を約一キロ上流のテント村に移住させる強硬な態度でいる。

読売新聞

昭和36年(1961年)7月28日

強制とりこわしの始まった武庫川のバラック街

住民、警官ともむ

武庫川バラック取りこわし

兵庫県土木部では二十八日早朝から尼崎市西部の阪神国道武庫川大橋付近のかわらで不法占拠しているバラック街の強制とりこわしをした。午前七時、県土木部員[illegible]の指揮で警官四百人、臨時作業員二百六十人が[illegible]、ダンプカーやトラックに分乗して現場に到着、[illegible]県警機動隊[illegible]人の見守る中で午前七時二十分からとりこわしにかかった。

とりこわしに対するバラック街の住民はかわるがわる[illegible]県側の[illegible]をたたいて[illegible]「武庫川住民」代表約三十人と[illegible]など約百人が[illegible]を立て、スクラムを組んで[illegible]「警官帰れ」「殺せ」などとわめいていた。作業は二十分ぐらい[illegible]にわかれ[illegible]が、住民側は[illegible]で抵抗していた[illegible]、オノや[illegible]激しく抵抗、[illegible]ように作業員が柱二本を切ったところ、一人が他の一本から[illegible]、降りないのでやむなく切断し[illegible]。[illegible]この[illegible]なかった。[illegible]一人が[illegible]一人が[illegible]された。

【逮捕者】▽[illegible]

一方、伊丹市は[illegible]

[illegible]ている。

伊丹市があっせんしている[illegible]

27

朝日新聞

昭和36年7月28日

強制とりこわしに 住民、激しく抵抗

武庫川原のバラック

【尼崎・西宮】兵庫県は二十八日早朝、[illegible]部長（代執行責任者）ら県職員四十一人、作業員二百六十五人をくり出し、尼崎、西宮両市をはじめ関係者、県警機動隊ら約四百人の応援と、神戸地検検事の立ち会いで尼崎、西宮両市側の武庫川原に不法占拠しているバラック六十八戸九十三世帯（二百九人）の強制とりこわしをはじめた。午後二時ごろまでに五十八戸（県警本部調べ）をとりこわした。住民の抵抗で作業員の一人が負傷、マキ割りなどを振り回した住民四人（女一人をふくむ）が公務執行妨害、傷害の現行犯で逮捕された。

この朝尼崎市[illegible]の尼崎市側川原に[illegible]乗った[illegible]とする住民らは、昭和ヤグラの[illegible]せて、約四十人が待ち構えていた。午前十時、県職員と作業員がトラック[illegible]台に分乗して到着、昭和ヤグラからは半鐘が乱打され川原の人々に[illegible]がかけられた。県職員ははじめ[illegible]、作業員らが八班にわかれて、強制に立ち入り[illegible]のクイ打ちをはじめた。しかし住民たちが床の下にすわり込んだり、ゴン棒やマキ割りを振り回し、数人がわめき激しく抵抗したので、ついに機動隊が出動し、[illegible]、役人[illegible]を持って[illegible]。[illegible]この[illegible]たおかみさんたちが「人殺し」「[illegible]」と叫び、警官に[illegible]がかえされ……この間[illegible]

て追い出されたものが数人もあった。[illegible]したときも、[illegible]一人かけ寄り、呼びかけてもね[illegible]、こうした作業員の[illegible]と同時に、[illegible]テントばりの[illegible]を[illegible]に[illegible]のが十三人[illegible]

る交渉が兵庫県土木部長に「みよう」との要請書を渡した。同県は「武庫川べりにこれまで住んでいた人たちは生活力にとぼしい人が多く、立ち退きは死活問題だ。兵庫県が話し合いに応ぜず強行したが、警察がそのような問題に介入するのは不当だ。行き過ぎた権力行使はやめてほしい」というもので阪本兵庫県知事、[illegible]兵庫県警本部長あての要請書を同本部公安課、西田警視に手渡した。

んな立ちのく気持ちがあるので交渉の話し合いをしたい」と申し出たが、[illegible]はとりあわず、作業は続けられた。

〈県評が要請書〉【神戸】兵庫県労評の[illegible]、[illegible]ら八人は二十八日午前十一時すぎ、兵庫県警本部へ武庫川原問題で「行き過ぎた行動をしない[illegible]

バラックの強制とりこわしにかかった作業員（尼崎市側の武庫川原で）

神戸新聞

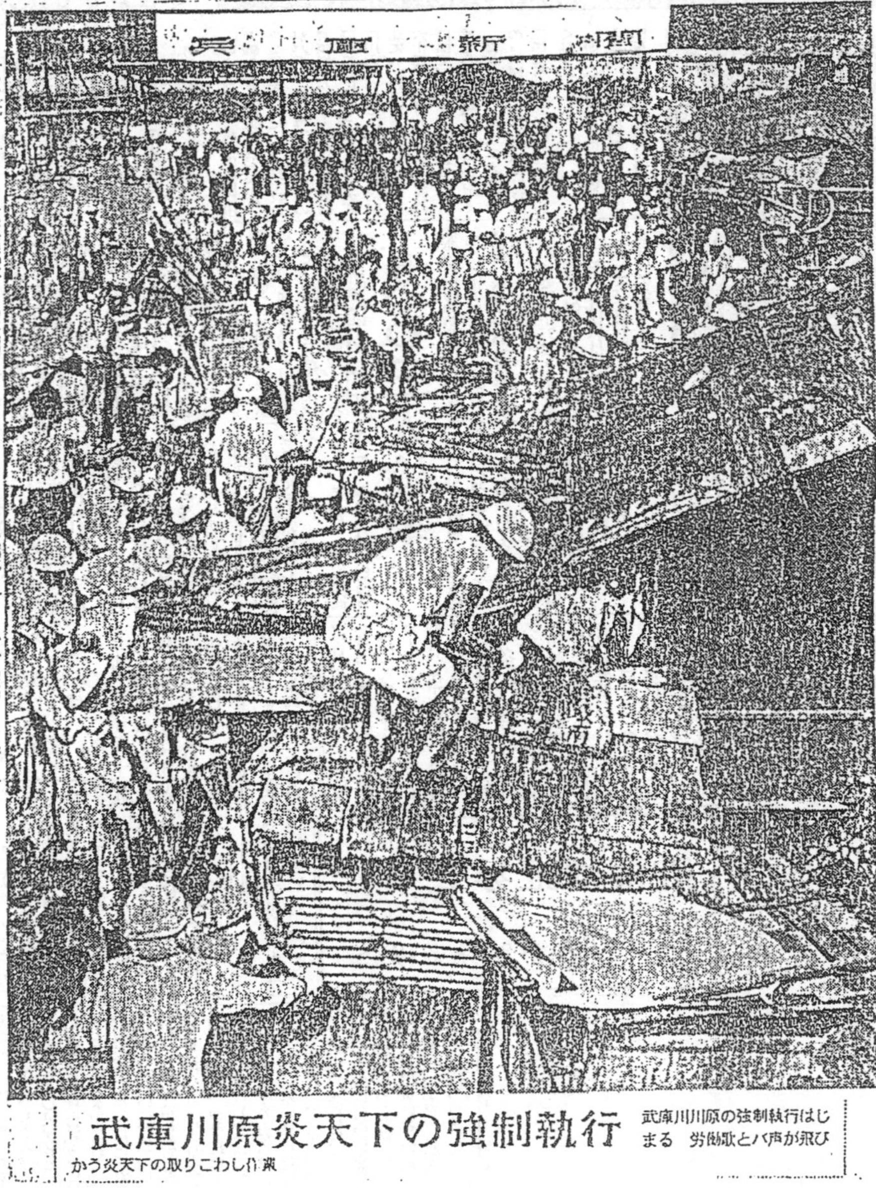

武庫川原炎天下の強制執行

武庫川川原の強制執行はじまる　労働歌とバ声が飛びかう炎天下の取りこわし作業

28

神戸新聞

昭和36年7月28日

武庫川 強制立ち退き始まる

続々バラック撤去

人プン戦術などで抵抗

警官隊にかこまれたバラック街。中央のヤグラは住民たちが四、五日前に建てた見張り台

何回かの勧告にも応じないで立ち退きをしぶっている武庫川河川敷の住民に対し県は二十八日午前七時、県警機動隊員ら制私服警官五百五十人、特別作業員四百人の応援をえて強制執行にふみ切った。この警官隊の大量動員で大きなトラブルは起こらず、一部の小ぜり合いで住民三人が公務執行妨害などで検挙されただけ。夕刻までにはこの日予定された六十三戸（五十四世帯、二百九人）の取りこわし作業を終わる。県は引き続き八月上旬までに河川敷に点在する約二百戸のバラックを取り払う予定だが、このように大がかりな不法占拠者の撤去は三十三年の東京都江戸川放水路の五十六世帯立ちのきいらいのことだといわれる。

警官隊と支援団体のこぜり合い

ほこりまみれのとりこわし作業

⊙…午前七時、阪神国道武庫川大橋へ県警機動隊員、県土木部員、作業員らを乗せたトラック十数台がパトカーの先導で到着。[illegible]の機動隊員ら約十人を含む県警の[illegible]もこれに応じている。この武庫川大橋を境に川ぶちの北側に南北にわかれて建っているバラック六十三戸（二百九人）がこの日の目標で、橋のすぐ南に数日前から建てられた見張りやぐらから早く「カン、カン、カーン」と警官隊の"来襲"をつげる鐘が乱打され住民たちの動きがひときわせわしくなった。

⊙…このバラック街と向き合うように、川の反対側の[illegible]ムラには武庫川撤去対策本部、県警機動隊と三つ四つのテントがあっという間に並び、午前七時十五分には川をはさんで"決戦体制"がととのった。強制執行の日どり、具体的な方法は予測していた[illegible]

⊙…「ここから一歩も[illegible]」河川敷南側にみなさんの[illegible]かける。バラック街から[illegible]「[illegible]」[illegible]

女ら三人検挙

武庫川河原の強制立ち退き執行で二十八日正午までに三人が公務執行妨害、傷害の疑いで検挙された。

▽午前七時四十五分ごろ[illegible]川ことと[illegible]はクイ打ちをしようとした作業員[illegible]にマキ割りでなぐりかかり、[illegible]に三日間のケガをさせた。

▽同時ごろ[illegible]四[illegible]の胸をつかみ、一・七[illegible]公務を妨害した。

▽午前八時三十五分ごろ[illegible]子のは立ち入り禁止のナワを張ろうとした警官、作業員に人プンをふりかけた。

生活権ふりかざす 住民

河川法で筋とおす 県側

—折れ合う余地のない深いミゾ—

武庫川立ち退き問題がこんなにこじれたのは、住民たちが生活権をふりかざしたのに対し、県は長い間のガンニン袋の緒を切って「河川法をタテにとっても筋を通す」と強行手段をとって譲らず、両者の折り合う余地がないまでの深いミゾができてしまった結果だ。

住民たちは拾い屋、寄せ屋、日雇いなどボーダーライン層の人たちで一部を除いてはその日暮らしがやっと。立ち退けといわれても自力で土地、住宅を探すほどの資力を持っておらず"居すわり"をしなければならない[illegible]

[illegible]

[illegible]経済新聞

昭和36年7月28日

強制とりこわしはじめる 武庫川の不法建築

マキ割りで抵抗

三人逮捕 50戸だけ終わる

尼崎

警官隊ともみあい、立ちのき執行を妨害する住民たち（[illegible]）

ヤグラを組んで監視する住民たち（武庫川堤防で）

武庫川堤の不法建築の強制執行を決めた尼崎市は、二十八日午前七時から県、同市職員、尼崎市内各署の警官約四百人の協力のもと、金沢市長の指揮で職員、作業員約四百人を動員、大がかりな強制取りこわしを行なった。終戦いらい十数年間続いた同川堤の居すわりにはじめて断が下されたわけで、"区"をこわされる住民たちは人プンをまいたり、マキ割りを振り回したりして抵抗、三人の逮捕者が出た。

この日強制撤去したのは同川堤の[illegible]、阪神国道武庫川橋から北に尼崎市内の武庫川堤[illegible]大橋間に居すわりを続けている五十戸。午前七時、対岸の西宮市側にテント張りの本部をつくり、県河川課、西宮市河川課から[illegible]十五人を出し、救護班、テントをつくるという手回しのよさ。トラックに分乗したヘルメット姿の作業員が現場に着くと強制執行反対派の住民たちは高さ約十メートルの見張りやぐらの上で鐘を打ち鳴らし、全住民に急報、同夜から泊まり込んでいた支援団体員約二十人が堤防上にスクラムを組んで分間余り作業隊を阻止しようとした。

しかし堤防いっぱいの警官隊をバックにした作業隊員たちは続々と川堤に下りバラックに「立ち入り禁止」の木札張りをしためとっさっさと取りこわしをはじめた。

住民たちはものものしい強制執行ぶりに打つ手もなく、自分でさっさと家をこわしはじめるものも出たが「死ねというのか」「同じ人間だ」などとさけんで必死の抵抗をするものもあり、同九時までに、マキワリをふりまわして作業員にケガをさせた[illegible]をバケツで人プンを警官隊にかけた[illegible]子[illegible]との三人が傷害、公務執行妨害の現行犯でつかまった。

強制撤去は[illegible]べく抵抗の少ないところから行なわれ、十時までに五十戸の取りこわしを完了、住民たちや家財を尼崎市守部地内に作った仮収容テント村に入れた。また[illegible]西田川、小浜代地、外高松の三地区の武庫川川堤住民約八十五世帯は同日午前六時四十五分ごろ、西田川の親和会事務所前にテントをはり、家族をすてて女、こどもや仕事を休んだ住民約五十人が集まり、強制とりこわしにそなえ、警戒をはじめた。

隣接部落が土地提供

伊丹では自発的に移転

伊丹市内の武庫川川堤で不法占拠をつづけている四十三世帯二百[illegible]十五人について、伊丹市は同市西野地区への集団移住をあっせんしていたが、土地を所有している同市西野、東野、[illegible]野、昆陽の四部落が[illegible]坪を[illegible]、隣人が困っているのだから[illegible]全面的に協力しようと申し合わせた。このため伊丹市小林市長は二十八日あさ武庫川立ちのき対象者代表ら[illegible]と会い、土地買収など細目について話し合ったが、同地区の居住者は部落との契約がすみしだい自発的に移転することになったので、強制撤去は行なわない。[illegible]

移転候補地は武庫川沿いの荒れ地で、面積約一万[illegible]坪。時価は三・三平方メートルあたり[illegible]五千円といわれるが、このうち三分の一は二十[illegible]の[illegible]、西[illegible]から[illegible]。[illegible]武庫川堤住者は三・三平方メートルあたり[illegible]円の価で[illegible]されることになる。

30

[illegible]

[illegible]

武庫川バラック強制取り壊し

住民、激しく抵抗

警官隊も出動 10人が負傷、4人逮捕

警官に見守られバラックの強制取り壊し作業

[illegible]

毎日新聞

昭和36年(1961年)7月28日

警官に守られ撤去

妨害の住民三人を逮捕

武庫川原のバラック

[illegible]

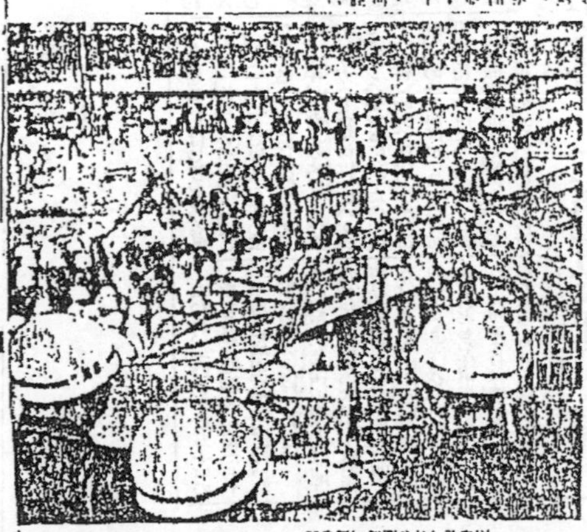

強制立ちのきへ

警官隊に包囲された武庫川川原のバラック街

それだ！

昭和36年7月28日

…の武庫川原で攻防戦

占拠部落の強制執行始まる

住民〝汚物〟で抵抗

45戸を取りこわす

兵庫県は二十八日午前六時から武庫川川原で不法占拠をつづけるバラックの強制取りこわしをはじめた。

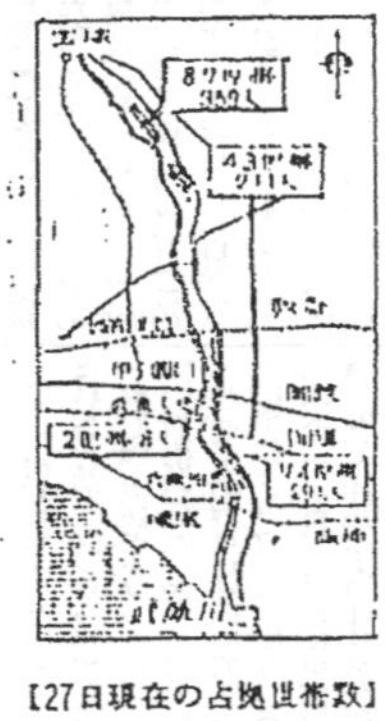

【27日現在の占拠世帯数】

[illegible]

「めしぐらい食わせろ」

マキ割り片手に仁王立ち

○…午前七時ようやく川原に組まれた住民のヤグラから[illegible]

○…堤防の上と下とで[illegible]「強制執行反対だ」「[illegible]」[illegible]

[illegible]

娘は死んでも……

ヤグラにがんばる田中さん

輪禍のしらせに動ぜず

二十八日午前八時五十分ごろ、[illegible]

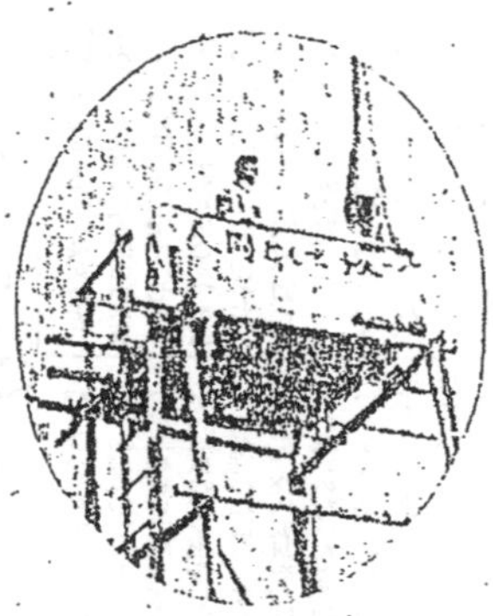

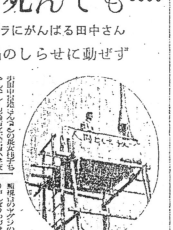

危険なヤグラの上で「家族を守る」とがんばる田中[illegible]さん

[illegible]が、抵抗のシンボルのヤグラと[illegible]しなければならない。私は[illegible]「[illegible]もがんばる」と叫んでいた。

タテを持って出動する機動隊員

家の前のピケを破ろうとする県作業員

すわったまま運び出される住民

つぶされた家の前で泣く老婆

[illegible]

公務執行妨害で四人つかまる

[illegible]

朝の武庫川原で

占拠部落の強制執行

機動隊に守られて進む強制執行

…機動隊など約[illegible]人の応援を得て人夫[illegible]六十人を動員、阪神国道武庫川鉄橋付近の尼崎側バラック街[illegible]から作業を始めた。これに対して抵抗する住民たちも[illegible]など応援団体約三十人の協力でピケを張ったり、汚物をまいたりして抵抗したが、県側の人夫や住民たちの応援団体に数人の負傷者が出ただけで、同日午後二時までにこの日の予定[illegible]をとりのぞいた。また[illegible]

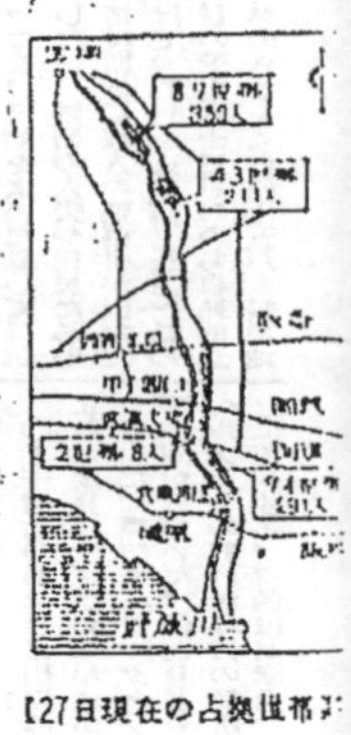

【27日現在の占拠世帯】

[illegible]結果、強制取りこわし期間を[illegible]の二十八日から実行することに決定。この朝午前六時前、現場に近い甲子園競輪場に[illegible]および阪神間各地から集めた人夫[illegible]

[illegible]の取りこわし作業を[illegible]で指揮していた。同日中には武庫川河原の不法占拠バラックのうち阪神国道南側の六十三戸の取りこわしを完了する予定。

「めしぐらい食わせろ」

—マキ割り片手に仁王立ち—

○…午前六時ちょうど出陣に[illegible]された[illegible]ヤシから怒声が[illegible]いた。消防車トラックとジープの列が近づいていた。色とりどりのヘルメットの群れが堤防の要所ごとに散列する。[illegible]は尿酸[illegible]、[illegible]は人夫、白は警官だ。前夜から待機していた住民と応援団体員らが[illegible]の[illegible]に[illegible]、[illegible]ったうたごえがわき上がった。「しあわせの歌」「がんばろう」「民族独立行動隊」—声がひきつっている。

○…堤防の上と下とで重苦しいにらみあいがつづく。「強制執行反対だ！」「貧乏人の住む家をよこせ」—怒号が飛ぶ。[illegible]ヘルメットが[illegible]を降りかけた。と、バケツにくんだ汚物がまかれた。[illegible]を[illegible]すると、公務執行妨害で[illegible]

[illegible]が[illegible]に立った[illegible]バラック[illegible]

ぶ。赤ん坊を背負った中年の朝鮮婦人が川原で大声をあげた。「殺すつもりか」「子供に朝飯をくわす間ぐらい待ってくれ」—悲痛な泣き声だ。白いヘルメットは[illegible]んだまま、しばらく立っていた。

○…必死に無言、警察の[illegible]川原の南北両側からヘルメットが[illegible]

住民の移転先きまる

伊丹市があっせん

尼崎市内の武庫川強制立ちのきがはじまった二十八日、伊丹市では同市西野地区の武庫川堤に居残っている四十五世帯、二百十五人の移転先が市のあっせんでほとんど決まった。同市はさきごろから移転地として同市小松原、西野などの[illegible]地主側と交渉していたが、同日[illegible]に決まれば、既に強制執行の期間[illegible]した。このため市は移転地が正式[illegible]

[illegible]二万六千[illegible]平方[illegible]のうち、一万平方[illegible]の分譲あっせんについて[illegible]、市側と地主、立ちのき代表らが市役所で協議した結果、価格[illegible]新住地に移ることになっていの点を[illegible]して誘導することが内定した。

娘は死んでも…

ヤグラにがんばる田中さん

輪禍のしらせに動ぜず

二十八日午前八時五十分ごろ、西宮市小松東町の武庫川西堤防で自転車に乗って南に走っていた尼崎市西字[illegible]地四ノ七（武庫川原）人夫田中[illegible]さん(●)の長女[illegible]子ちゃん(●)＝尼崎市立大庄西小学校六年＝が尼崎市西字[illegible]地四七三、ボーリング工[illegible]男さん(●)の運転のオートバイと接触、[illegible]子ちゃんは病院に収容されたが、頭と左足を打って一週間の傷。

この日朝武庫川原強制立ちのきで[illegible]子ちゃんの家もこわされ、お使いにゆく途中の出来事で、父親の[illegible]さんは[illegible]かけた

[illegible]のヤグラの上にかけのぼりがんばりつづけていた。長女の事故をきいて降りようとしたが「抵抗のシンボルのヤグラと赤旗を守らねばならない。私は降りない。交代要員をのぼらせてくれないのなら」と[illegible]、「でもがんばる」と叫んでいた。[illegible]子ちゃんの世話は[illegible]さん(●)も現場でがんばり、病院には知人たちがかけつけて看護している。

危険なヤグラの上で「赤旗を守る」とがんばる田中[illegible]さん

[illegible]逮夜にふん尿をバケツでぶっかけ公務執行妨害で[illegible]。さらにツルハシを持ち出しふりまわして警備員をおどかした[illegible]八郎[illegible]、二[illegible]も公務執行妨害でつかまった。

自発的に立ちのく

北朝鮮帰国の一家

強制立ちのきの始まる二十八日朝早く阪神国道伊丹町側のバラックに住んでいた[illegible]さん(●)ら一家八人が[illegible]帰国するため自発的に立ちのいた。一家は自分の[illegible]たバラックを撤去したのち、来月二十一日新潟[illegible]の[illegible]で帰国[illegible]。

県総評など抗議文

武庫川の強制立ちのきについて県総評[illegible]代表十人が二十八日朝、[illegible]を[illegible]れ「行くところのない住民[illegible]などしないよう」本部長あ[illegible]

[illegible]りをしようとした西宮市[illegible]、木材[illegible]さん、尼崎[illegible]一、山口[illegible]

毎日新聞

昭和36年(1961年) 7月28日

警官に守られ撤去

妨害の住民四人を逮捕

武庫川原のバラック

[illegible]

警官の人垣に囲まれ　[illegible]された武庫川原のバラック取りこわし

毎日新聞

昭和36年(1961年) 7月29日

武庫川原

撤去跡に居すわる

移住者わずか四分の一

[illegible]

[illegible]

大阪店頭全

[illegible]

神戸新聞
昭和36年7月29日

うすぐらいテント張りの中で夕食をとる武庫川原の立ちのき者たち

武庫川原

62戸撤去終わる

60人は仮設テントへ収容

二十八日午前七時から始まった武庫川原不法占拠バラックの強制取りこわしで予定どおり[illegible]同日中に尼崎市内の武庫川橋より西に密集していた六十二戸（ほかに二戸は行き先が内定しているので保留）がすべてのけられた。金近県土木部長ら[illegible]県警[illegible]尼崎西[illegible]の警官の協力で、この日午後九時ごろまでに作業を終わると、とりこわしたバラックの木材や屋根板を武庫大橋付近に集め、県係員十五人と尼崎西署員らが徹夜のパトロールで警戒、立ちのいた住民が再びバラックを建てると不動産侵奪罪の現行犯で逮捕する態勢を固めた。

一方、行き先のない人たちは県があらかじめ武庫川堤防の阪急側と国鉄北側の二カ所に用意した二十二張りのテントに仮収容するよう説得、同夜は約二十世帯六十人が落ち着いた。

なお伊丹市に残っている不法占拠バラック四十五世帯、一百十五人の移転先が同市のあっせんでほとんど決まったほか、宝塚市の八十七世帯三百七十九人も近く行き先がみつかりそうなので、この日取りこわされた六十二戸を除くと不法占拠バラックは、たった四戸が残るだけ。県はこの四戸に[illegible]出頭して[illegible]強制執行は避けたい方針。今後の不法バラック対策について金近部長は「せっかく立ちのいてもらったのだから二度とバラックが建たないよう厳重に監視する。もし再び法を侵すものがあれば、[illegible]出して厳罰するほかない」といっている。

公務執行妨害の女を釈放

二十八日朝、武庫川原の立ちのき反対で警官隊に汚物をかけ、公務執行妨害でつかまった無職金村朝子（[illegible]）は尼崎西署で取り調べられていたが、同日午後六時に釈放された。

〝テントに寝られるか〟 立ちのき組30人市役所へ

武庫川原を立ちのかされた住民のうち「家と生活を守る会」の金[illegible]会長ら約三十人は、二十八日午後四時三十五分ごろ、尼崎市役所に「県が用意したテントは人間の住めるところではない。せめて婦女子が住めるところをあっせんしてほしい」と押しかけた。退庁時を過ぎていたため市助役は一人もおらず応対に出た市事務員はどうしたものかーと大弱り。尼崎市内にある公営[illegible]所の[illegible]が作成した[illegible]をみせて「これで人が住めるか」と市総務局長に詰めよったが「私たちにはどうすることもできない」と話にならなかった。ようやく同八時二十分ごろ事務局の知らせで大石、堀木正副議長がかけつけ詰めかけた人たちと話し合いをした。いったんテントにおさめた荷物を見に帰っていた人も戻り、話し合いの場になった議長室は満員。「テントは蚊でワンワンいっている。雨が降れば立ちどころに水びたしになる。井戸水は濁って飲めない。女、子どもだけでもなんとかしてほしい」。伊丹市では土地あっせんの話が成功した

産業経済新聞
昭和36年7月29日

取りこわし作業終わる

武庫川川原の不法占拠 十数年ぶりに[illegible]

武庫川川原における不法占拠バラックの強制取りこわし作業は、二十八日午後四時半ごろ、尼崎市側の六十二世帯、約二百人が取り払われた。広い川原は一度に広場のようになり、[illegible]されたバラックが[illegible]。住民は尼崎市寺町、国鉄尼崎駅の堤防下に県がつくったテント村の仮収容所にはいり、家財道具を運び入れたが、非衛生的なテント村で生活することはできないと同夜、尼崎市に代表が詰めかけ、早くなんとかしてほしいと陳情した。

県は武庫川川原に残っているバラックの取りこわしは強制執行期間の八月十一日までに完了させるといっている。

産業経済新聞

昭和36年8月8日

伝染病発生の恐れ

県民主医療機関連 県へ環境改善望む

県民主医療機関連合会（関井任会長）の代表八人は、七日県庁を訪れ、金井土木建築部長に「武庫川原の不法占拠で、テント張りの仮収容所に収容されている住民たちの環境衛生をよくしてやってほしい」と陳情した。

テント生活している居住者のなかには、不衛生な環境から十二人が軽い病気を訴えており、折から夏季で伝染病の発生も予想されるので、医者の立場から県の善処を強く申し入れたもの。

同連合会としては四カ年の無料治療付?給水施設をせまいテントの近くに設けるなどの措置を講じてもらい、一日も早く人間が生活できるような環境に改善してほしいと要望した。

県が実態を調査

県は、武庫川原の不法占拠者に強制執行をかけ、テント張りの仮収容所に地元民を住まわせているが、七日これら居住者の実態を調べるため、井下衛生部長と民生部の係員を現地に派遣した。

現在、テント二十二張りのなかで、四十九世帯、百七十八人が生活しているが、このうち十五世帯、六十四人が生活保護を受けながら細々と暮らしている。そこで、これら貧しい人たちを対象に実態調査し、八月末までにどうしても移転先が探し出せない人の善後措置を講ずることになった。実情がわかり次第関係の各部課に連絡をとり、収容することも考えている。

武庫川原のテント生活

神戸新聞

昭和36年8月8日

武庫川原

立ちのきさらに推進

県、強制排除は避ける

兵庫県は七日の部長会議で、八月中旬以後に一般事務職員（主任、係長クラス以下）の人事異動を行なうことなどを検討、尼崎、西宮両市内の武庫川河川敷の住民に対し立ちのき策をさらに推進する—などを決めた。

人事異動の対象者は四十六年級事務吏員で同一職場で勤続五、六年になるもの…八月下旬になる予定。また、…対策の…河川敷の…、…ける公算が少ないので…おれば今月末にも…を開き、対策を協議したうえで…するもの。武庫川河原の住民は七月二十八日の代執行後、尼崎市内に十一世帯、西宮市内に一世帯（いずれも移転の目当てがあるもの）となったが、また代執行を行なっていない甲武橋上流の宝塚市内に八十三世帯三百九十人、伊丹市内に四十三世帯二百十一人が残っている。県は十一日までの代執行期間にこれらの排除措置を決めなければならぬが、このほど宝塚、伊丹両市から移転先の目当てをあっせんする申し出があり、なお住民の積極的な移転の気配も見られるので、これら両地住民に対しては強制排除措置をとらないで、両市と協力のうえ円満な立ちのき措置をすることにした。なお先の強制排除の結果、四十九世帯百七十八人が仮収容所にはいっているが、収容期間が今月末までなのでこのうちの生活保護の対象となっている十五世帯六十四人を県立施設に収容できるよう仮施設をつくることにした。

神戸新聞

昭和36年8月11日　金曜日

強制取りこわし延期

武庫川原不法占拠 三市、移転先をあっせん

武庫川原の不法占拠バラックの強制取りこわしは、先月二十八日に続き、残り百三十三世帯について十一日から代執行が行なわれるはずだったが、十日午後、住民代表らが金井土木部長とあい、猶予を申し入れたので、代執行は今月いっぱい延期されることになった。百三十三世帯の内訳は尼崎十三世帯、伊丹四十九世帯、宝塚七十一世帯だが、三市とも当局があっせんして移転先が決まったので、来月十日までには移るから、それまで強制取りこわしを待ってくれと申し入れたもの。これに対して県当局は、先に取りこわしたところもあり、また権利の平等な措置は末期までに行なうということだったので、来月十日までは待てない。しかし具体的に各自の移転先を決めて努力しようというのだから、とにかく八月末まで待つことになり「八月三十一日までに移転を完了するように」と通告文を発行した。この通告どおり移転が完了すれば、全部の不法占拠物がなくなることになる。

神 戸 新 聞

昭和36年8月12日　土曜日

阪神版

立ちのき料めぐり告訴ザタ

"家主に横領された"

地検尼崎支部に　間借り人が訴え

武庫川原のよせ屋さん

ひとり暮らしのバタ屋老婆、前原ともえさん([illegible])は十一日、神戸地検尼崎支部を訪れ「武庫川原の立ちのき料を横領された」と訴えた。相手は尼崎市今北浜町二ノ五、よせ屋木村一郎こと朴少甲さん([illegible])で、強制執行前の先月十九日、自主的に川原を立ちのいたが、このときの立ちのき料および残り金三万二千五百円を朴さんが、ひとり占めにして前原さんには一円もくれなかった、というもの。同地検支部は朴さんに呼び出し状を発送、くわしい事情を聞くことになった。

前原さんは、ことし二月ごろ朴さんの方で二畳半の八ケ月八百円で間借り、朴さんの拾い子(バタ屋)として働いていた。三万二千五百円は家主の朴さんと同居の前原さんとの間できめた立ちのき料、役得金で、両者協議して分配する筋あいのもの。立ちのきさい、朴さんから見舞金三千円を渡されたが、前原さんは何の金かもわからず、県からの支付金なら少なすぎると扱い、受けとらずに返したという。一方尼崎西宮土木出張所には、朴さんを含む三十八人が守る委任状、朴さんたちの配分をとり決めた協定書が出され、問題の金は手続きどおり支出されている。

立ちのき料、役得金は先月二十七日までに立ちのいた者に出され、一世帯三人で平均五万円、ひとり者でも三万円が出されることになっており、家賃の内容、川原に住みついた年限などで多少の差がつけられている。

西宮、尼崎両市区域では強制執行のあった二十八日以後は同区域住民には支出されておらず、強制執行が猶予されている[illegible]西宮両市区域では[illegible]の夜も支出されている。

…

立ちのき料の配分には何の基準もなく"余力""権力"ともにすぎるよせ屋、あるいは家主がおかかえの拾い子たちの委任状、協議書を一括して土木出張所に提出、数十万円を持ち帰り、拾い子たちには二千円―五千円程度をわたしたにすぎない例が多い。借金を差し引くこともあるが、前原さんの例では借金は全くなかったと訴えている。同地検支部は同様の横領あるいはピンハネの例が案外多いのではないか、とみており、場合によっては鋭いメスが入れられるもよう。

協議配分のあり方について、強い者がちのシステムがとられたわけで、拾い子たちの間では「全部くれとはいわん。せめて四割でもくれたら、すぐにでも立ちのく」という声が高かった。この点について土木出張所では「配分がどうあろうとも、手続きどおり所定の金が支出されれば当方としての仕事は終了する」といい、社会保障的性格をもたせっかくの県の親心であり、県民の税金から支払われている上、個の出費がほとんど生かされていない、と見る向きも多い。

メイワク千万な話

相手方の朴さんは「ずいぶん迷惑な話です。前原にもさしつかえ[illegible]」と前置きして次のように事情を話している。

前原さんはたいへんな年寄りで身寄りもない。去年の夏ごろか間借りさせてくれといって、私の川原住宅にはいったのです。[illegible]生活保護を受けていたが、[illegible]のためにはいつ[illegible]った。再三出ていってくれといったが、聞き入れてくれるはずもなく、立ちのく前には土田の役所に代理人として何度も行っていた。立ちのき料は確かに前原とも江さん名義だが、あの仕のお金は前原個人に出たのか、その仕切り物を持つ私に出たのかはっきりしないが、お金がかけた家をお金をかけて[illegible]のです。[illegible]するのは私です。[illegible]るのです。私はそれも[illegible]い七千円を渡した。[illegible]くれ[illegible]三千円を渡しにきていらないというのです。どうしても返すなら七千円を、この次もでくれと[illegible]するともらったのは三千円だけだ。七千円も[illegible]っていないと強弁、[illegible]になっていた。[illegible]千円の領収書を[illegible]かったと思う。

朝日新聞
昭和36年8月12日(土)
阪神版

「見舞い金もらえぬ」

武庫川原の老婆 立ちのきで訴える

不法占拠していた尼崎市の武庫川原から立ちのいた老婆が十一日「県からもらうことになっていた立ちのき見舞い金を寄せ屋の親方に横取りされた」と神戸地検尼崎支部へ訴えた。同支部は近く親方から事情をきくが、立ちのいたバタ屋たちの間で親方に見舞い金をピンハネされたという声もあり、場合によっては、関係者から任意調書を取って調べる。

訴えたのは住所不定、前原ともえさん(六〇)で、訴えられたのは同市今北竹川のAさん(五〇)。訴えによると、前原さんは一年ほどAさん方へ住み込んでバタ屋をしていたが、特調とりこわしの前の六月十五日にAさんらといっしょに立ちのいた。そのとき、Aさんから三千円渡されたものの、見舞い金にしては少ないのでAさんに返し、そのままになっているという。

県西宮土木出張所の調べでは、ここ二万二千五百円の見舞い金が支払われているが、Aさんと前原さんの協議書で、Aさんがそのうち三万七千五百円、前原さんは五千円を受けとることになっており、前原さんの委任状でAさんが見舞い金を受けとっている。

Aさんの話 前原さんがいたのは一年足らずだが、たまに仕事をするだけで、外泊することが多く、もて余していた。見舞い金は私の方は住居の補償の意味でそのうち三万七千五百円をもらい、前原さんの分は五千円ということで協議書をつくった。前原さんにはそれより多い七千円を渡したが、間もなく私の留守中に前原さんがきて、逆に三千円を返した。「返すのなら七千円全部返してほしい」というと、これだけしかもらっていないといい張ったので、だれかにそそのかされたのではないか。

前原さんの話 見舞い金ももらえず、住むところもないので、川原などで野宿している。警察や裁判所で聞いて検察庁へすがりました。県が直接見舞い金を渡していてくれたら…と思います。

小松県西宮土木出張所長の話 住民たちは、親方の間借人であり、従業員でもあるうえ、住み込んでいる期間に長短があって見舞い金の配分は千差万別だ。このため親方と間借人の間で話し合い協議書をつくってもらった。Aさんの場合も、前原さんの委任状で受けとっている。親方にピンハネされたといううわさはきいたことがある。

一万五千円で和解

老女の武庫川原立ちのき見舞い金問題

36.8.15 朝日

「県からの見舞い金を寄せ屋の親方に横取りされた」と不法占拠していた尼崎市の武庫川原から立ちのいた老女の訴えで、神戸地検尼崎支部は十四日訴えられた尼崎市今北竹川のAさん(五〇)を呼んで事情をきいたが、同支部の申入れでAさんが改めて一万五千円を前原ともえさん(六〇)に払うことで話がついた。

円満に示談解決

立ちのき料告訴事件

武庫川原の立ちのき料を[illegible]について、[illegible]さん(六〇)は、神戸地検尼崎支部からの呼び出し状を受けて十四日同支部に出頭、[illegible]しい事情を話した。[illegible]ため林さんは示談解決をはかり、[illegible]バタ屋、前原さんに[illegible]千円を渡すことを提案、前原さんも了解したので、円満に解決することになった。

[illegible]前原さんが[illegible]円を[illegible]なっていたが、林さんは前原さんに[illegible]千円渡し[illegible]だという。前原さんは[illegible]たん[illegible]のを[illegible]返した[illegible]が、水かけ論になっていた。

36.8.15 神戸

尼崎市の人事異動

[illegible]

毎日新聞

昭和36年(1961年)　10月2日　(月曜日)

無医村をなくせ

◇県下で医者のいない地区が二十九個所ある。住民は三万一千五百七十六人。このうち八地区は医師が来ても経営は困難という。冬季になると山や雪を越して医者のいる村まで運ばれるが、ふだんは売薬で済ませているため悪化したり、ついには手遅れになる。なかにこんな例が県会でも問題となり、以来知事も「医者を出して医者を呼びたい」と善処を約束した。◇しかし病院を出しても医者は辺地の設置や文化住宅に恵まれないと敬遠するのが実情だ。◇国保専門部では「週に二、三回ぐらいジープで無医村を巡回するパトロール制度を考えたい」といっているが、何にしても早く解決してほしい。県医師会も医大と相談しているが、この熱意をこんなことに手を焼してほしいし、県医師会も思い切れない県民のサービスをしてはどうか。

激増する河川事故

◇砂利は土建資材、トラックいっぱいいたるところで採取され、河床はいつになっても掘られない。利にさとい商人はこれをみて河床をどんどん掘り下げた。そのために堤防工事に支障をきたした。播州地方での砂利の不法採掘の河川事故が続出している。[illegible]

危険はなくなった。だが[illegible]のようなものばかりではない。天候の影響もある。◇砂利事故の原因は[illegible]

待たされる申し込み即時

◇電電公社が発足してから電話はずいぶん便利になった。逓信省から切り離される時、いろいろの批判もあったし、国会でも反対の意見が出たのだが、今日の電話事情を見ると、まずは成功だったといえるだろう。神戸を中心に考えても即時通話区域がふえ、主な都市とはほとんど待たずに話せる制度になっている。ほぼ欧米並みといえよう。◇ところで、自動即時には問題はないが申し込み即時は明らかに交換手が不足している。ずいぶん待たされることが多く、そして待たしていることには交換手も十分承知していて「お待たせしました」といって出てくる。サボっているのでないことは明らかだ。ただ、五分も十分も待たされたのでは、即時の意味がないではないか。公社は適正な人員配置を考えるべきである。

魚眼

川原の住人に温情を

◇西宮川原のテント村にはまだ四十七世帯百七十人の貧しい人たちが住んでいる。県はこのうち生活保護を受ける十五世帯五十一人に安い家賃の住宅を提供するが、残りの三十二世帯百十七人には「ゴテ得は逃さない」非情な態度ですんでいる。市当局は温情をもって、すでに住みついた人が多いだけに"ゴテ得"理論を警戒したいのだろう。

◇"ゴテ得"とか"正直者がバカを見ないように"のいい分はいかにも正義ぶった響きがあるので、うっかりするとその奥にひそむ非情さをごまかしてしまう。住人たちは、河川敷に無断で住みついた違法者にちがいないが、好んで違法者の道を選んだわけではない。"勝手に行き先を探せ"では"結局追放"の措置を外してもらいたい。

競艇廃止切りくずしに現ナマ

◇今年度いっぱいで廃止されることになっている尼崎センタープールの競艇を何とか残そうという運動が最近、尼崎市内で活発になってきた。すでに"貧しい子供たちの慰安会"、"敬老会行事"などの名目で一部の婦人会に対し露骨な現ナマ攻勢も展開されている。◇こうしたお金が競艇廃止の切りくずしのための工作だと感じていない婦人会や福祉協会役員はいないはずだ。「くれるものはもらわなくては損だ」というのであれば、それは余りに無神経すぎる。十分な理由があって競艇廃止が決まったのではなかったか。

無法な市電乗務員

神戸の市電はもはや時代おくれといわれながらも市民の足として果たす役割は依然大きい。ところが乗務員の中で客に態度の悪いのが多いのが目につく。客の方にも乗り降りがスローモーで問題の多いものもいることは事実。それにしてもやたらとせきたてステップに片足かけるかかけないうち発車させる態度にはふんがい、腹立たしい思いをする。危険な挙動だ。◇市電だからと大目にみて済まされているが意外に私鉄や国鉄などだったら当然問題にされる。「赤字経営でもやむなく運転サービスしているのだ」という考え方がそうした態度になって現われているのだとしたら許せない心得違い。経営内容はどうあろうと料金をとっているからには市民が、日常の足のリップサービスでなく親切なサービスに努めてもらいたいものだ。

毎日新聞

36年(1961年)10月21日　(土曜日)

阪神版

冬に"テント村"では……
県が簡易住宅建設
尼崎 15世帯、64人を収容

県西宮土木出張所は、尼崎市守部と今北のテント村の一部住民に簡易住宅を提供、二十一日移転させる。

このテント村は武庫川から移ってきた住民。さる七月二十八日の強制取りこわしで行き先のなかった住民のために二十二張りを設けたもので、四十七世帯百七十六人が仮住まいしていた。仮住まいには非常用灯や簡易便所、尼崎市が飲料水を運んで最低生活だけはなんとかめんどうを見てきたが、いずれも行き先がなかったり、自分の資金で移転できないなどの理由で居すわっていた。しかし、寒さに向かうにつれてなかには病人をかかえたり、生活保護を受けるなどでやっとその日暮らしという気の毒な人もいるので、この人たちのために尼崎三百四十平方メートル、木造、四十万円で木造トタンぶき平屋建ての簡易住宅三棟十五戸を建て、十五世帯六十四人を収容することになった。

残りの三十二世帯百十二人に対しては自力で引っ越しできるようみて、テントを一か所にまとめるだけで当分そのままにして置く。簡易住宅は一人当たり一畳という狭いものだが、電灯も共同炊事場もあり、家賃も格安にする。

なお伊丹、宝塚両市内の武庫川から移った住人九十八世帯四百二十人は、地元両市のあっせんでほとんど集団移転の見通しがつき、引っ越しの見通しがつかないのは伊丹市が三世帯十二人、宝塚市は十世帯四十人だけとなった。

第四巻　第一号（通巻第三十七号）
昭和三十七年一月五日発行（毎月一回五日発行）
昭和三十四年五月二十五日　第三種郵便物認可

月刊 自治研

特集・自治研に期待するもの

1

自治研中央推進委員会

河原居住者立退きとその生活保障

――兵庫県武庫川の事例研究――

尼ケ崎市職員組合
自治研福祉部会

〈もくじ〉

一、問題の要点
二、武庫川河原居住者についての統計
(1) 住居数
(2) 住みついた時期
(3) (イ)居住者の職業
(ロ)居住者の家族構成
(4) 河原居住の原因並びに前職
三、住民の組織等
四、県・市の施策について
五、尼崎市職のとった態度について
六、河原から立退かされた人たちの声
七、尼崎市福祉事務所職員の意見

一、問題の要点

武庫川は兵庫県東部を流れ、尼崎、宝塚、伊丹、西宮の各市を下流にもつ、巾約三〇〇米余のかなり大きな兵庫県管理の河川であり、流域の各市にとっては上水道・工業用水道の大切な水源となっている。この川は他の大きな河川にも見られるように、巾約三〇〇米のうち約1/3が平水面で他は、それより約一米～二米高くなった、いわゆる洪水敷と呼ばれる空閑地があり、問題はこの空地用に発した。

この川には戦前から、宝塚市周辺で養豚養鶏等のためこの洪水敷におりて来て居住するものがあったが、戦時中に尼崎市においても国道二号線、武庫大橋下を中心として、住宅に困窮する生活に追いつめられた人達が居住するようになった。さらに、戦後の都市住宅難と数度の不況による失業乃至は外国人（特に朝鮮人）の求職困難、生活苦がいわゆる河原転落に拍車をかけ、居住者が年々増加していった。経年別の戸数、人口等の状況については、細い資料はないが、漸増していったことは間違いはない。河川管理責任者たる兵庫県土木部（現場管轄は、兵庫県西宮土木出張所）が昭和三十二年初頭に居住者に対し不法占拠である居住の禁止を二度に亘って、堤防上に明示したが全く焼石に水であったことは、この間の事情をよく物語っている。

しかるに、昭和三十四年八月洪水敷中に住民が井戸を掘りそれを飲料水等に使用していたが、完全な排水施設を設けず自然の排水にまかした悪じゅん環の結果として、赤痢患者の異常な発生が生じた。（患者は全員市民病院に収容した。七〇名程度であった。）

また、昭和三十五年八月三十一日台風第十六号による豪雨のため武庫川の水位の異常な上昇が尼崎市内の居住者のうちでも約十戸の流出、居住家屋全部の床上浸水という事態を生み出した。

この間、尼崎市にあっては赤痢禍のため消毒、或はポンプ車による給水等の具体的施策、三十五年八月尼崎市社会保障審議会による不良住宅地調査等が行なわれたがいずれも抜本的な施策ではなかった。前述の諸般の事情により、このままの状態に放置しておけず、やっと昭和三十五年九月より県当局は、その対策に乗り出し、数度の居住者に対する勧告命令等によりそのうち大部分は自発的に立退くに至ったが、全く転出の意志なきというよりは、立退くにもあてのない居住者は、七月二十八日遂に県の強制執行を受け、応急テントに収容された。

しかし今後のテント収容者に対する見通しについては全くたっていず、お先真暗というのが現状である。

私達が今度のこの武庫川立退きの後をふり返って、追跡してみたのが、このささやかな報告である。

二、武庫川河原居住者についての統計

(1) 住民数　昭和35年11月現在

	日本人	外国人	計
尼崎市	八八五	三一二	一一九七
西宮市	二八二	五	二八七
宝塚市	一八四	一九九	三八三
伊丹市	二四八	一二	二六〇
計	一五九九	五二八	二一二七(人)

(2) 住みついた時期

前述の如く、経年別の居住者の数は全く調査がなかったので不明である。ただ、昭和三十五年三月の尼崎市社会保障審議会の調査による武庫川河原の最も密集地帯、国道二号線と阪神電鉄本線の間約七〇〇人（全地域の約1/3）の調査によれば、

一年未満	一～三年	三～五年	五～七年	七～九年	九～一一年	一一～一三年	一三年以上
二〇・一%	二七・七%	二七・二%	一〇・九%	五・四%	六・五%	一・六%	〇・六%

(3) (イ) 居住者の職業

	拾屋	ヨセ屋	日雇	土工	運転手	養履	その他	無職
尼崎市	一五六世帯	二〇世帯	七一世帯	二〇世帯	八世帯	六世帯	八四世帯	三四世帯
(尼崎市一部)	(一〇七)〃	(一九)〃	(四六)〃			(三)〃	(六)〃	(一一)〃
西宮市	一七〃	三〃	一九〃	〇〃	一〃	〇〃	四〇〃	五〃
伊丹市	〇〃	〇〃	一五〃	三〃	〇〃	一〇〃	二三〃	六〃
宝塚市	〇〃	〇〃	三二〃	一一〃	四〃	五〃	二四〃	二一〃
計	一七三〃	二三〃	一三七〃	三四〃	一三〃	二一〃	一七一〃	六六〃

注・（　）は尼崎市社会保障審議会の調査

(ロ) 居住者の家族構成

	一人	二人	三人	四人	五人	六人	七人	八人以上
尼崎市	一三五世帯	五八世帯	五六世帯	四八世帯	四五世帯	三三世帯	一五世帯	九世帯
西宮市	二五〃	一〇〃	一三〃	九〃	九〃	八〃	一〇〃	三〃
伊丹市	三〃	四〃	七〃	四〃	五〃	八〃	一二〃	七〃
宝塚市	一一〃	一五〃	一三〃	一四〃	一〇〃	一四〃	九〃	七〃
計	一七四〃	八七〃	八九〃	七五〃	六九〃	六三〃	四六〃	二六〃

(4) 河原居住の原因並びに前職について

前述の尼崎市社会保障審議会の調査によればなぜここに来住したか、並びにそのつての方法は、

(イ) 商売や事業に失敗したり、勤め先を失業したりして生活に困り住宅も手ばなしてここに住宅と仕事を求めてきた。

(ロ) 前の住宅から立ち退きを求められたが他に行くところがなくここに来た。

(ハ) 仕事の都合上ここが便利ということで来住した。

(ニ) 火災で居住を失い、一時的にここに退避したが、そのまま住みついた。

(ホ) 悪いことをしてここに逃げて来た。

そのつては、

(イ) 親族や友人、知人の招き、すすめで来た。

(ロ) 人づてにきいてきた。

(ハ) 自分でみつけて来た。

(ニ) その他（当局のすすめ）

という順序になっている。

なお、県当局による強制執行の結果尼崎市福祉事務所に集団保護の申請をしたものについては（二十四世帯申請中十七世帯に保護適用、以下はその内訳）

(イ) 田舎から来たが家がない。　五世帯
(ロ) 追立を喰った。　四〃
(ハ) 家賃滞納　二〃
(ニ) 結婚のため　一〃
(ホ) 離婚のため　一〃
(ヘ) 刑務所出所のため　一〃
(ト) 商売に失敗　一〃
(チ) 不明　二〃

(5) どこから来たか（前住地）

兵庫	近畿	中国	四国	九州	中部	関東	東北	北海道
五一・六	一九・一	四・九	五・四	一五・二	三・二	一・六	—	—%

(6) 出身地

兵庫	近畿	中国	四国	九州	中部	関東	東北	北海道	朝鮮
一五・八	一六・九	八・七	一〇・四	三・五	七・一	〇・六	〇・六	〇・六	一六・八%

(7) 住民登録の有無について

住民登録のある者　六五・二%
住民登録のない者　三二・六%
不　明　二・二%

三、住民の組織等について

1 河原居住者については、各市ともそれぞれ特異な性格があった。例えば、伊丹市は旧沖縄出身者が多く、宝塚市は朝鮮人世帯が多かった。尼崎市については、昭和三十四年五月に曙会という町会組織が内部分裂により解体状態となり、平行していたカソリック宗教団体による暁光会が住民に対し、保育、診療等に当り布教をかねて居住していたが、宗教活動については全く創価学会におさえられているといっても過言ではなかった。何れにしても今般の立退問題についての交渉の母体とはなり得ず、また、他より入った政党関係によるオルグも結局はたいした支援をすることができなかった。ただ、「尼崎家と生活を守る会」が最後の強制執行を受けた一部の者（これらの人も結局は行き処のなかったものであるが）を中心として組織されたに過ぎない。

なお、宝塚には前述の「尼崎家と生活を守る会」に似た「親和会」が、伊丹には「沖縄県人会」があった。

2 尼崎市以外の市の現況

七月二十八日、尼崎西宮両市において強制執行がなされたが、伊丹市においては一応強制執行を見あわせ、伊丹市西野芝ノ小松原に約一万平方米の土地を市が購入、居住者を転出させるとの市の発表があった。

宝塚市においても、同市安倉向田川の民有地の入手見込により強制執行を見あわせた。

四、県、市の施策について

1 昭和三十二年、堤防上に不法占拠禁止について明示の立札を立てたが、損傷、取りこわし等により、同年度に再度の表示板を立てた。なお、兵庫県は河原居住者の実態把握のためと、今後の対策への資料に供するため昭和三十二年頃違法建造物の実態について一部調査をし、昭和三十五年夏にはその戸数（世帯数ではない）の完全な掌握のため、各戸に空色のナンバープレートを棟に打ちつけ現在戸数を確認すると共に、その所有関係・居住者の家族関係等を調査し、合せて個々の住民の希望をも聞いている。

2 昭和三十三年六月二十五日に、居住者に対する立退勧告、

3 昭和三十四年初頭、第三回目の掲示板の設置、

4 昭和三十五年九月七日、第二回立退勧告、

5 昭和三十六年四月二十五日、除去命令

6 昭和三十六年六月十一日、同上戒告

7 昭和三十六年七月十四日付、執行令状交付（配付、七月十七日、宝塚、伊丹、一三二世帯、五七四人、住民は、翌七月十八日還付、尼崎市は、七月十八日、配付予定であったが、抵抗を生じる予想のため、代執行まで配布せず。）

8 昭和三十六年七月二十八日、代執行

（尼崎市、西宮市のみ、六八戸、五三世帯、二〇九人）

9 この間、県土木部は居住者に対し、見舞金の名目で、自発的退職者に対し、下記の金額を支給している。

標準一世帯三人家族として、五万円
二人家族　四万円
（右の八十%）
一人家族　三万円
（六十%）

（これは、社会通念上、一世帯の立退者が、転居先を見付け出し得るに必要な最低費用であり、四人以上について一応三人と同額とし、事情によっては七万円まで支給した例もある。）

10 強制執行を受けた居住者に対し、テントに一時収容した。四五世帯、一六四人、（テント収容者には、上記見舞金は支給されていない。）

11 テント収容者について

尼崎市福祉事務所は、テント収容者のうち拾屋等の就業不能者について、二四世帯の生活保護申請を受理した。

（他に、収容前よりの被保護者、一八世帯がある。）

12 上記、新規保護者について、就労再開により、大半は約一ヵ月後に廃止した。

（開始年月日、三六・八・一〜廃止年月日、三六・九・一）

13 テント村は、九月三十日までとの県の予定であるが、全く今後の見通しは立っていない。

五　市職のとった態度について

教組、自由労組、共産党、民青などの旗と並んで、市職組合旗が堤防に立てられたが、後執行部の手によって、尼崎市職の旗は取り除かれた。経過を説明すると次のようになる。

六月の始め、武庫川の「尼崎家と生活を守る会」より支援の要請があり、市役所に働く我々として、執行部ではこれを具体的にどう取扱うか討議がなされた。

(1) 不法占拠それ自体が法をおかしているのだから、これを支援するということは、どのような角度からなすべきか。

(2) 強制執行ということになれば、当然河港課、土木出張所の組合員が、タッチすることになるが、その場合、色々な形のトラブルが起きるのではないか。

(3) 特に職場の組合感情として、この問題を執行部の考え方はこうだとおしつけることは困難だ、等の意見と共に、立退くためにはせめて、仮住宅ぐらい、県か市で考える必要があり、社会保障制度の不備から生れた社会現象ともいえるので、執行部の基本的態度として、これら武庫川原の住民が多く困窮している現状は、それだけ社会保障の面に問題があり、県・市当局の住民に対する不親切な態度につながっていると判断した。法をもって執行しなければならないという、市職員の立場であるが、上記の実状を考えて、支援を行なうということのみ決定している。

具体的な行動については、先ず執行する職員としての立場と、組合の一員としての立場とに悩む河港課組合員の意見を聞くことになっていたが、この間、尼崎市職が支援を行うことに決定したのだから旗を立てることは問題でない、と解した書記局員の手によって借りに来た同会の役員に渡され掲げられることになった。ところが、後にこれは支援するこ

と、旗を掲げることとは同一でないとして取り除かれた。

執行部では、市当局に住宅問題など、なんらかの対策をのぞむように要望するため、河港課組合員で職場会議を開いたが、具体的な問題の討議に入る前に、支援するかどうかで意見の対立を見、結局、尼崎市職としては、川原住民に対して具体的な支援は、殆んど行なわなかったのが実状である。

こういう問題に対して、職場との関連、行動するにあたっての公務員としての制約などが、組合執行部で討論された。

賃金闘争では、職場で意見の一致を見るが川原問題では『お役人と労働者』との二面性のために、支援態度が困乱した。

ここで、現在行なっている職場自治研を強力にすすめることが考えられた。今まで、尼崎市職の自治研は、職場単位で研究され、各職場で論究されても、職場と職場とを結びつける組織がなかったので、折角論究された問題も市職の運動にまで及ばなかった。その後、各職場との結びつきを強固にして、〝自治労の運動としての職場自治研〟にまで成長させる具体的方針が討議され、実現のための組織作りを行なうことが決められた。

最後に、組合旗について一組合員からの投書があったことを付け加えて、職場の現状の一端を知る資料としたい。

「同じ仲間である建設局の人達が、公務を執行しようとしているのとは反対に、私達の組合が組合旗を先頭に、それを阻止しようとしていることについて説明して欲しい」というのが、その要旨である。

六、河原から立退かされた人たちの声

立退かされた当の住民たちの意見はどうであろうか。男（日雇）と女（別の日雇の妻・主婦）それぞれ一人ずつの意見をきいてみた。

(1) 河原居住が決してよいことだと思っていたのではないが、どこにもゆくところがなかったのだ。生きてゆくためには仕方がない。

(2) 最初は県に交渉し後で市長と市建設局長のところへ行ったが、県では最高責任者は面会をさけ会えなかった。市の方は会えたが、この問題はすべて県が処理しているからといってはっきりした返事はもらえなかった。結局当局は話合い無用という考え方ですすめてきたように思う。だから止むを得ず県庁に坐り込んだのだ。河原住民の生活のことなど構っておれないという考え方のようだ。とくに県はひどい。

(3) 私たちは最初から、立退かないとはいってないし、補償金をよこせともいっていない。まして補償金をせり上げるためにねばったというのは全然誤解だ。

(4) 私達の要望は終始、立退き先を斡旋してほしいということ、それができなければ貸付金を出してほしいということだった。どこか空地を世話してもらえればと思って話したのだが。

(5) 強制執行のある前に、出てゆける条件のある人を止めたりは全然しなかった。出て行った人は大体身軽な人だったが、残った者は子供が何人かあるため行く先をみつけることができなかったか、あるいはよせ屋のように河原が仕事であった者だ。

(6) アパートを借りに行っても子供が何人ありますかとか、職業をきかれて断わられてしまった。四・五畳一室で敷金五万円、間代は月三千五百円～四千円する。

(7) 見舞金（補償金）で敷金を払ったらといわれるが、家族数の多いところでは四・五畳一室のところへはゆけないし、それに一番困るのは敷金は払えても後の家賃を支払う見込がないことだ。今までは家賃はほとんどいらなかったんだから、移れば喰べるのに差支える。

(8) 人夫より警官の方が多かったのやないかな。子供でも警官に髪の毛や、首筋をもってひきずり出された。今でも子供は巡査はきらいやといっている。

(9) 私達のことが前例になって、他の河原の人たちが不利になるのではないかと心苦しく思っている。

なぜ武庫川が第一番にとりあげられたのかについて

(1) 武庫川が一番居住者が多かったからだろう。

(2) それに、武庫川を先に片づければ後の他の河原の処置が容易だと考えたのだろう。

(3) オリンピックがあるので、美観上ねらわれたというのが専らの噂だ。武庫川河原はとくに交通量の激しい地帯にあり、めざわりだったのではないか。

これから先どうするつもりかについては、

(1) 寒さに向うのだ一日も早く応急テントから出たい。今でも雨のときなど困ってしまう。

(2) 伝染病患者が出ないかと心配している。今日までのところ、はっきりした伝染病患者は赤痢一人だけだが、下痢患者はたくさんいる。

(3) 大浜町にある市有地に建設業者のMさんが一七軒の家を建ててやるといってくれており、それに期待している。また他にも市が候補地を探してくれているはずだ。

(4) 目下のところ宝塚、伊丹がまだ片づいていないので当局もテントから立退かすことについて時期待ちしているのではないか。

市職の支援態度について

(1) 役所の職員だからやりにくい点もあることはわかるし、こちらからも直接の支援要求はほとんど持ってゆかなかったほどだ。

(2) 私らとしては直接強制執行を市職組合員が阻止してほしいと頼んだこともない筈だ。

(3) しかし一旦持ってきた組合旗をわざわざ引揚げて帰ったやり方は納得できない。

(4) 直接の援助はできないだろうが、低所得者向の住宅を建てよという要求をしたことがあるのだろうか。阪神間で尼崎が一番市営住宅を建てないということもきいている。

七、福祉職員の意見

以上のような問題について、福祉分科会の会員から出された意見をとりまとめると、次のとおりである。

(1) だれが考えても最低の武庫川河原住民にだれが好んでなるだろうか。全くそうでもしなければ、生きてゆけないのである。ここに問題の根源がある。憲法第二十五条の生存権の保障のために、生活保護法が制定された。ところがその生活保護法は、住宅問題に関しては、全くお手あげの状態である。住宅は健康で文化的な生活の、基本的要件であるにもかかわらず。

①住居のないものは保護されにくい

②住宅保護基準と実家賃との間にギャップがある。

③住居のないもののための公的宿泊所がない（尼崎市の場合。全国的にもまことに

少い。）
④低所得者向の公営住宅の数はきわめて少い
⑤家賃は値上りする一方、それに対する規制としては、地代家賃統制令だけであった。
(2) 不法占拠であっても、当初は当局によって黙認されていたものである。事実、具体的な県の施策というものは、三十二年不法占拠明示の立札をもって始まったとみてよい。これでは不法占拠といいながらも、既得の権利を認めていた形であるというよりむしろ認めざるを得なかった、放置せざるを得なかったといえよう。県においても住民の極貧状況は把握していなかった訳でなく、三十二年不法占拠標と明示の立札の見られる以前においては、社会保障の貧困から執行がされる状況でないと判断されたと推論できる。なぜなら、怠慢でなかったとするならば、不法占拠の黙認は、住民の困窮、社会保障の貧困とを結びつけて考えざるを得ないからである。
これは今日の執行に関する見舞金というあいまいな当局の支出金からも見られることである。見舞金を支給したということは、見舞金が出なければ立退きできないことを認めたことに他ならない。ここでは悪条件に置かれた極低所得層（居住者の職業参照）の低所得或いは社会保障の貧困を見舞金という、あいまいな形での不当な、本来あるべき姿の社会保障と次元の違うところでの一種の保障がなされたことを指摘することに止める。
ある程度まで当局において認められている一種の保障は、不法占拠の名のもとに、社会保障の貧困の責を住民に転化させている。ここでの住民の言葉は切実である。どこにも行き場のない住民はどうすればよいのだろうか。特に現在の住宅事情は彼等を安易にうけ入れてくれるところは皆無である。代りの住居を建てるまでには行かないだろうか、それに近い状況にもって行くことは可能であるし、また当然なされるべきである。
放り出してテントに入れ、それで事足れりとするのはあまりにも非人間的な政治であるといわざるを得ない。
(3) 河川法違反に対する立退命令や強制執行という表面的近視眼的な見方でなく、憲法第二十五条の理念を住宅問題に関し堂々と規定する住宅保障法的な法律を制定すべきである。この法律の強力な実施があれば、もはや住宅問題に関し地方公共団体における責任のなすりあいはなく、貧富団体間においても住宅事情は同様に改善されるに違いない。
私たちは左の姿に一日も早くしたいと思う。それには河原居住者と一般住民が一体となって住宅事情の向上改善を当然の権利とし強力に要求する必要がある。そのためには、河原居住者と一般住民との密接な結びつきが先決である。
今度の場合でも県、市において誠意があるならば、形式的かつ、無意味な勧告命令をくりかえすことなく住宅資金の充実を計り、それをもとにして住宅困窮者専門の住宅問題の解決を計るカウンセラーを常置しこの種問題の事前解決を計るようにしむけることもできたはずである。
(4) 県が立退きを勧告する時に、単身者、母子世帯については施設所を再三すすめたが拒否している。その後において生活保護を申請した世帯のうち、右記の世帯については施設入所をすすめたが拒否している。大

部分の人達は住居の「あっせん」を依頼していたであるが、これらの人達の理由は「きゅうくつ」である。今の仕事が出来ない等の理由で入所を嫌っている。いわゆる浮浪生活をしているので、「きゅうくつ」な生活は極度にいやがっている。彼等の、住居以前の問題について考える必要があると思う。
(5) 組合のどうからすると、河港課の人たちは、生存権ということについてどう考えているのだろうか、不法占拠論だけから問題をみれば、河原居住者を保護し、とくに住宅扶助することなどもってのほか、ということになってしまうのではないか。
(6) 公務員としての制約は当然あるにしても組合の立場からいいたいことをいっても何らかまわないと思う。支援を決定しておきながら、旗を貸さないというりくつ（貸したのが誤りであると判断して取り返したのだから、当然こうなる）は全く了解できない。これはもちろん、われわれの組合が弱いということなのだが、それだけでない暗い、不明朗な印象はぬぐえない。組合の歴史の上の汚点だ。
(7) 今回の問題の経過は、そのまま〃自治研がいかに必要であるか〃を物語っている。これから自治研をすすめるに当って、重大な問題提起だと思う。

（二〇ページより）

し、事務局長を委嘱する。
理事は専務理事をたすけ、理事会において事業の執行をはかる。
第十四条　事務局長はこの会の事務運営の執行全般について責任を負う。
第十五条　監事はこの会の会計を監査し、総会と理事会に報告する。
第十六条　この会に顧問及び参与を委嘱することができる。
顧問はこの会の事業について相談に応じ、参与は専門的事項について諮問に応ずる。
第十七条　役員の選出は、この規約に定めるほかにすべて総会で選出し、その任期は一年とする。
但し、再任を妨げず、補欠による役員の任期は前者の残任期間とする。

第四章　会　　計

第十八条　この会の経費は、会費・事業収入・寄附金・その他の収入により賄う。
第十九条　この会の予算は、理事会が総会の議をへて定め、決算は理事会が年度終了後速かに監査を受け、総会の承認を受けなければならない。
第二十条　この会の会計は毎年一月一日に始り同年十二月末日に終る。
第二十一条　この会の会費は、個人会員一ヵ月　　円とし、団体会員一ヵ月一口につき　　円とする。
第二十二条　寄与行為は、理事会の承認を得て後に受けるものとする。

第五章　附　　則

第二十三条　この規約は　　年　　月　　日より施行する。

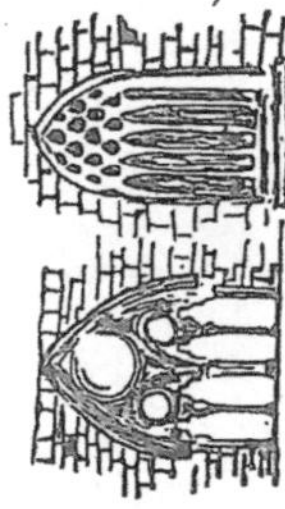

尼崎市社会保障審議会
答　申　集

第１次～第１３次
＜昭和31年度～44年度＞

昭和４５年３月

尼崎市社会保障審議会

目　次

尼崎市社会保障審議会委員名簿

（５０音順）

岡沢　良雄	弁護士
岡野　錦弥	大阪大学教授
川村　一郎	大阪ボランティア協会事務局長
河本　秀夫	尼崎市議会総務委員長
斎田　正雄	病院長
雀部　猛利	神戸女学院大学教授
瀬尾　美己子	京都大学助教授
関　外余男	兵庫県社会福祉協議会事務局長
竹内　愛二	聖和女子大学教授
堀口　俊一	大阪市立大学助教授
大和　チドリ	大阪女子大学助教授

第１３次答申のための委員会構成

第一委員会　（住民のニードに対応した社会福祉施設の強化について）

委員長　関　外余男

委　員　岡野錦弥．河本秀夫．雀部猛利．大和チドリ

第二委員会　（老人福祉対策について）

委員長　堀口俊一

委　員　岡沢良雄．川村一郎．斎田正男．雀部猛利．瀬尾美己子

関外余男．竹内愛二．大和チドリ

尼崎市社会保障審議会委員。顧問名簿

委　員

石井春枝	神戸婦人同情会園田寮主事
岡村重夫	大阪市立大学教授
川井幸太郎	兵庫地方労働委員会委員
川勝伝	日本スピンドル製造株式会社社長
日下基	辯護士
孝橋正一	大阪社会事業短期大学教授
雀部猛利	神戸女学院大学教授
嶋田啓一郎	同志社大学教授
西村亀	尼崎市議会議員
堀昌雄	衆議院議院、医師
松尾純雄	毎日新聞社大阪社会事業団理事

顧　問

賀川豊彦	中央児童福祉審議会委員
近藤文二	大阪市立大学教授
阪本勝	兵庫県知事
竹中勝男	参議院議員

社会保障審議会事務局

社会保障企画課長	湯川台平
主査	志紀忠明
主事	舌　康三
主事	桂　泰三
書記	河端清五郎
事務員	北方孝子

第４次市長諮問に対する答申

昭和45年　月　日

尼崎市長 薄 井 一 哉 殿

尼崎市社会保障審議会
会長 雀 部 猛 利

第4次諮問に対する答申

昭和45年　月　日付をもって本審議会に諮問のあった次の事項について別紙のとおり答申する。

1. 不良住宅地区の実態分析とその改善計画

2. 産業構造の実態分析とその改善方策

3. 失業対策事業の改善方策

4. お年玉つき郵便はがき寄附金の多額配分に対する受入れ態勢　ー尼崎市身体障害者福祉センター設置案ー

目　　次

前　　文

本審議会は昭和３０年１２月２１日付条例に基づき市長の諮問機関として発足し、数次にわたる諮問に対して常に鋭意慎重な審議をかさねて答申して来ましたが、貴職は数次の答申事項についてよく検討せられ、その実施を促進するため、常に適切なる措置を講ぜられて来た。

地方財政再建促進特別措置法の適用を受けながら、貴職が社会保障行政面に示された熱意と市議会の協力に対しては、本審議会においても全市民とともに深く敬意を表する次第であります。

本審議会が第４次諮問として貴職より示された各事項について、全委員がよくこれを検討したところ一応の結論を得ましたので、ここに答申いたします。

なお、諮問事項の内産業構造に関する対策、お年玉つき郵便はがき寄附金の多額配分に対する受入態勢などについては、継続審議を必要としますが、一部審議未了の部分を残してとりあえず答申することにいたしました。

第１号　不良住宅地区の実態分析とその改善計画

1　不良住宅地区の実態分析とその改善計画

1.1　ま　え　が　き

住宅地区対策に関する問題は、古くから各国においてとりあげられている問題でありながら、これという最も適切なキメ手になる処置がなかなか見当らないようである。このことは、不良住宅地区対策という課題がきわめて多元的な性格をもつ複雑な課題をその中に含むと共に、新しい不良住宅地区化の問題が、時代と共に絶えず生起しているこに起因しているからである。それゆえにこそ、この問題の多元性と困難さがあり、その現象がまた深刻さを加えるのである。

尼崎市においても不良住宅地区の問題は、この例に漏れず、きわめて広範な角度からとりあげねばならない性格を帯びているので、この問題を検討するに先立って、まず問題の本質に関する吟味を行なうと共に、その対象に関する類型的な、把握を行なうことによって問題解決の糸口を見出すことが必要である。

1.2　不良住宅地区に関する問題の性格

不良住宅地区に関する問題は、その根底に住宅問題が潜んでおり、住宅問題の本質と分離して不良住宅地区の問題は考えられない。近代的な意味における住宅問題は、人口の都市集中現象と共に始まり、住宅の供給がその居住者と異なる人によって、営利的に行なわれるようになったために住宅難の現象が生活難一般の現象から分離して特殊な形態として表現されるようになり、それがやがて不良住宅地区形成へと発展するようになってきた。

したがって都市においては、借家が住居の本質的な姿をとり、これに関連して家賃や住居費の問題、住居の質的な問題、住宅集団の問題が一連の住居にまつわる諸問題として浮かびあがってくるようになった。

住宅は長期にわたって消費される高価な商品であり、その大部分は既存のものに依存している。したがって生産力の急激な膨張にともなう人口の集中現象によって、住宅の需要が著しく増大したり、住宅が大量的に破壊されたりすると、たんなる尋常の住宅建設だけでは、この需要をみたす事が出来ず、またこれに対応する住宅投資もその著しい営利的効果が約束されない限り、とうてい望むことができなくなってきた。その結果、常に絶対的な住宅難がつきまとうばかりでなく、それがやがて不良住宅地区の形成過程をたどるようになり、そこに過密住居の問題や衛生、風紀、保安上の諸問題が派生的に起こるようになって、住宅の不足がその質的低下を呼び起こす結果となっている。したがって不良住宅地区対策を考察する場合に、ここでは次の二つの基準によってその判断をたてる必要がある。

(1) 一般に住居水準よりみて、一段と低い住居水準にあると思われる住宅が一定の地域に集中していること。

(2) 不良環境のもとに住宅が密集し、衛生、風紀、公安、火災などの点から有害または危険のおそれがある地域であること。

1.3 尼崎市内における不良住宅地区の現状

現在、尼崎市内に存在する不良住宅の地区の数はその不良度の大小によっても異るが、次に掲げる区域におおむねこれに該当すると思われる地区である。

本庁地区（縄家町、中在家町東山町西山町の一部、東本町の一部、築地、西御園町開明町の一部）に約１,９００戸、大庄地区（東今北）に約２７０戸、立花地区（塚口字西浦、宮ノ町辰己、七松町の一部）に約５２０戸、小田地区（汐江ウリウ下古茶屋、常光寺、杭瀬三の坪、今福）に約１,６５０戸、武庫地区（守部新田）に約５６０戸、計約４,９００戸。

このほかにもその不良度の点においてこれにつぐ不良住宅地区が、相

当数存在すると思われるが、当面の緊急を要する不良住宅地区としては以上の１４地区がその対象地区としてまず考慮されねばならない。これらの地区の約４,９００戸におよぶ不良住宅のうちには、消防局が指摘する倒壊危険建築物として警告されているものや、不法占拠住宅として立ちのき要求されているもの、あるいは建築基準法に準拠しない仮小屋など建築行政上の課題として考慮されねばならない建物が多く含まれている。そのほか保健衛生の立場から問題となる住居や土木行政上の課題として考慮されねばならない不良住宅地区もこの中に含まれているばかりでなく、新たに発生しつつある過密居住の増大化や仕切り間貸の増加が建築行政の盲点をついて激化しつつある現状は誠に憂慮に耐えないものがある。

1.4 不良住宅地区対策とその方向

1.4.1 住宅地区改良法の適用

戦後の極度に不足せる住宅事情は、住宅対策の重点を第二種住宅建設に拍車をかける方向へと向わしめ、戦前から行なわれてきた不良住宅地区改良事業が停滞がちにならざるを得ない状態にあった。ところが一方においては戦前の木造住宅の老朽化や転用住宅の激増をはじめ仮小屋や応急バラック建築がそのあとを絶たず、都市における不良住宅地区の改良が次第にその要求度を高めてきたので、昭和３５年５月１７日法律第８４号によって住宅地区改良法が制定されるに至った。

尼崎市においてもこの法律の適用を行ないうる諸条件を備える地区を調査し、その緊急度の順位を検討すると共に、年次的な改良事業計画を策定の上、不良住宅の密集地区を除去し、改良住宅の集団的な建設を行なうことが適切であると思われる。なお、いわゆる海抜０ｍ以下といわれる低湿地帯の住宅地区に対してはその科学的対策を別途し考慮されねばならない。

1.4.2　住宅地区改良法を適用し得ない地区

不良住宅が密集し、保安、衛生などに関し危険または有害な状況にある団地で、住宅改良法の対象となる諸条件を完全に満していない場合でも、不良住宅地区としてその対策が考慮されねばならない地区は市内にかなり多く存在している。

過密住宅地区で消防行政上の問題になっている地区、未区画整理のため排水路が不備で環境衛生上の問題をもつ地区、架線下の仮住宅地区、不法占拠による過密化地区などの対策は現行法規による取締りも放任状態にすることは許されない。終戦直後のきわめて窮迫せる状況のもとにおいては若干の違法行為による応急の住宅建築もある程度致し方なかったとしても、戦後15年を経て、市民の経済力も幾分上昇し住宅難の緊迫さも若干ながら緩和してきた今日にあっては、違法行為による不法占拠や不法建築は公共の福祉という立場から厳重に取り締まる態度をとることが必要になってきた。不法占拠や不法建築が野放しにされる事は不良住宅地区対策以前の問題として当然考えられねばならない問題である。しかしながら住宅難が依然として続いている限り、不法占拠や不法建築の単なる取り締りの強化のみでは解決できるものではないから、市自体が住宅建設を助成するための施策に抜本的な対策を講じることが必要である。低所得者のための住宅が大量的に建設されない限り、不良住宅化の傾向を防止することも困難である。

1.4.3　住宅建築行政の施行

市の行政機構の中に設けられている建築課は住宅建築に関する建築行政上の権限をもたないため、建築基準法に低触するような民間建築が行なわれても、それは県の行政機関の担当課題であって市にはその責任や権限が認められていない。この事は不法建築の取締りや間仕切り貸間の増加を防止するのに大きな障害となっている。

低所得階層がその生活の困窮度を緩和するため不法建築によって狭い

住居を間仕切り、貸間に改造するため、建築基準法に違反するような過密住居がますます激化しつつある。これを防止しない限り新しく起りつつある不良住宅化や細民地区化の傾向は将来さらに一段と激化する状態にある。したがって知事と協議し、建築基準法第6条第1項の規定による確認に関する業務を市で執行するように働きかけるべきである。建築基準法に違反するような過密居住を防止するため住宅建築に関する監督業務などを厳にすべきである。

1.4.4　住宅問題相談室の設置

政府が直接間接に関与している住宅には、公営住宅、住宅金融公庫の融資を受けた住宅、日本住宅公団の建設住宅などがあるが、このうちで公営住宅は地方公共団体が国の補助を受けて建設し、低額所得者に低家賃で賃貸する第1種住宅と第2種住宅にわかれている。この外産業労働者住宅資金融通法、厚生年金還元融資住宅など住宅建設に関連ある法律や制度がいくつか準備されているが、市民のなかには自力にて住宅を建設せんとしても土地や資金の面で利用し得る資源がいろいろ存在する事を知らないことが多い。そこで住宅問題に関する相談室を設けて自力にて解決せんとする市民の努力を援助する態勢を示す必要がある。現在、住宅建設とこれに関連する制度を図示すれば次のようなものが存在しているので、これらの住宅建設事業の推進によって市内における住宅の造成を誘導することも行政的な立場から積極的に配慮せねばならない。

（P　　に図示）

1.4.5　その他

(1)　同和地区対策の強化

市内に存在する同和地区のうち特に住宅事情の低劣な地区に対しては、新たに同和対策特別委員会（仮称）を設置して、地域住民のニードに応じた総合計画を立案し、今回政府が採り上げている同和対策事業（モデル地区設定事業）と提携させながら、一般予算をもって積極的に事業の推進にあたることが必要である。

また同和事業協議会と相提携しつつ、住民自身の目覚から生まれてくる活動を行政的な施策の裏うちとするようにしなければならない。特に隣保館や公民館は地区の町造り運動の中核となってこの運動を推進するよう働きかけねばならない。部落改善を目標とした長期にわたる科学的、合理的計画を立案し、地区住民と共に長期にわたる町造り運動の年次計画を樹立することなしには部落改善の効果は挙らない。また同和地区における不良住宅の改善策として実施する改良住宅の建築に関しては、大阪や神戸にもその実例があり、成功をおさめているので、これを参考に改良住宅を建築することも必要である。

(2) 河川敷不法占拠対策

武庫川の河川敷の非住宅の数は、国道線より阪神本線までの間だけでも約２００戸のバラックが存在しているが、彼等の職業はバタヤ関係とヨセヤ関係が過半数を占めている。市民の生活にとって、こうした職業も欠く事のできない重要な役割を果しているものではあるが、その住居は河川敷の不法占拠であると共に保健衛生の見地から、また防災保安の人道的見地からも設置する事ができない。したがって早急にその居住を移転し、より良き住居を得るよう自立せしめることが必要であるが、経済的な資力に乏しい現実を考慮するとき、彼等が容易に移転しうるような低家賃住宅または宿泊所等の施設の供給が考えられねばならない。札幌市においては自力で移転できない河川敷居住者に対して低家賃住宅保護施設を提供し、２年間でその移住または収容を試みたが、本市においても県と協力し河川敷住民の代表者とよく話し合い不法占拠住宅の除去を考えねばならない。

しかしながらバタヤおよびヨセヤに対しては彼等の生活と職業に対する保護と行政指導を行なうことが必要であり、法と権力に基づく一方的な不法占拠住宅の排除対策はかえって混乱を招くのみであるから

住民の目覚と協力を育成するような住民協議会を結成せしめ、官民協議による方法をとるべきである。

なお市内に数多くある不法占拠住宅等に対しても、市が適切な移住処置を講ずるよう行政指導を行ない、他の善良な市民に迷惑を及ぼさないよう処置すべきである。

1.5 む す び

不良住宅地区対策に関する長期の年次計画を樹立すると共に、将来における不良住宅化を防止するための予防処置が考慮されねばならない。

同和地区についてはモデル地区設定事業の適用による当該地区住民の協力態勢が特に必要である。また長期総合的な同和対策年次計画によって一貫した不良住宅地区対策の樹立が必要である。

武庫川の河川敷の不法占拠に対しては、共同作業場は簡易住宅を提供することによってバタヤおよびヨセヤの近代化を育成する必要がある。

公共の利益のために発動される土地収用法の適用といえども憲法第29条との関連を十分考慮し、住民との協議によって円満解決が得られるよう住民の協力機関を育成せねばならない。

不良住宅地区対策の最もむずかしい点は、不法占拠の排除と土地収用法の適用による立ちのき問題である。立ちのきが実現されると、それで既に不良住宅地区対策の８割が実現したといわれる程であり、八幡市をはじめ各都市においてもこの問題が最も困難な事とされているので、不良住宅地区対策本部を特設し、十分な予算をもった立ちのき対策にその重点がおかれねばならない。

住宅建設と関連制度

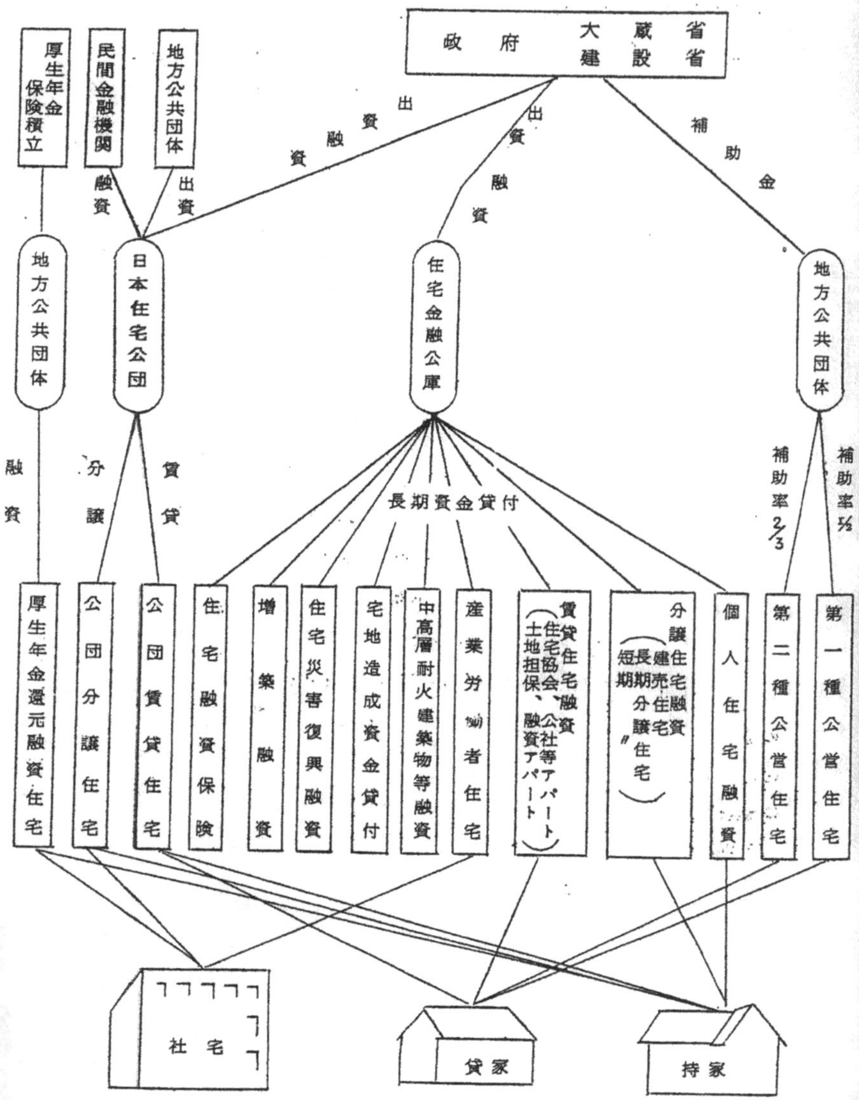

第2号　産業構造の実態分析とその改善計画

武庫川バラック居住者調査報告書

1 まえがき

1.1 調査目的

この調査は、武庫川バラック居住者の生活実態を把握し、生活更生の資料をうることを目的とする。

1.2 調査方法

調査の対象は、阪神国道線より阪神本線にいたる間のバラック居住者全部であり、実地調査は、調査票による面接調査と参与観察的な聴取調査とを併用し、これを官庁資料で補足した。

1.3 調査時期

昭和35年3月21日より約10日間である。ただ参与観察は、4月から5月にわたつて随時行なわれた。

1.4 回　　収

回収した調査票は184 票で、回収率は約85％であつた。不能票約35の内訳は拒否は約10票で、あとは在住不明と不在票であつた。職業的にはバタヤが多かつた。

1.5 集計方法

集計は、住民を一応職業によつて、バタヤとそれ以外の職業ーこれを便宜上「その他」としたーとに分け、行なつた。

2 人口構成

この地区の人口数は、調査票にあらわれた限りでは587 人であるが、15％の未回収票があるので、この分を考慮すると、約690 人と推定される。

人口の男女比は、男56.4％に対し、女43.6％で、男の方がかなり多い。なお、女100 に対する性比は129 である。年齢層別には、10才未満では、男が63％で女が37％であるが、10才代では、男が42.9％で、女は57.1％である。20才代、30才代では、男女差はほとんどないが、40才からはまた男が多く、とくに50才代では、

(1)

男77.3％ に対し女22.7％、さらに60才台では男94.7％に対し、女5.3％ という状況である。

年齢層別には、合計では（表1）、10才未満の22.9％がもつとも多く、ついで10才代19.1％、40才代16.4％、30才代15.5％、50才代11.2％ となつている。

表1　人口構成

年齢	バタヤ			その他			計		合計
	男	女	計	男	女	計	男	女	
～10	46	22	68 (26.4)	39	28	67 (20.4)	85 (25.7)	50 (19.5)	135 (22.9)
10～	15	14	29 (11.2)	33	50	83 (25.2)	48 (14.5)	64 (25.0)	112 (19.1)
20～	11	13	24 (9.3)	19	18	37 (11.2)	30 (9.1)	31 (12.1)	61 (10.4)
30～	27	23	50 (19.4)	19	22	41 (12.5)	46 (13.9)	45 (17.6)	91 (15.5)
40～	30	21	51 (19.7)	21	24	45 (13.7)	51 (15.4)	45 (17.6)	96 (16.4)
50～	20	5	25 (9.7)	31	10	41 (12.5)	51 (15.4)	15 (5.9)	66 (11.2)
60～	11		11 (4.3)	7	1	8 (2.4)	18 (5.4)	1 (0.4)	19 (3.3)
70～				2	5	7 (2.1)	2 (0.6)	5 (1.9)	7 (1.2)
計	160	98	258 (100)	171	158	329 (100)	331 (100)	256 (100)	587 (100)

男女別には、男では、10才未満の25.7％がもつとも多く、ついで40才代50才代の各15.4％、10才代14.5％などであるが、女では、10才代の25％がもつとも多く、ついで10才未満19.5％、30才代、40才代の各17.6％、などで、全体として、女の方が年齢が若い。職業別には、バタヤでは、10才未満の26.4％がもつとも多く、ついで30才代19.7％、10才代11.2％などであるが、「その他」では、10才代25.2％がもつとも多く、ついで10才未満20.4％、40才代13.7％、30才代、50才代の各12.5％などである。50才以上のものは、バタヤの36人に対し、「その他」56人で、「その他」の方が、やや多いが、平均的にも、「その他」の方がやや高い。

なお、就学前年齢層のものは、全体では、92名を数え、約16％の比率を示すが、こ

の内訳は、バタヤが49名（19％）、「その他」43名（13％）で、バタヤの方がかなり多い。職業 活動や生活水準は、バタヤの方がかなり不安定なのに（後述する）、このように、要保護年齢層のものが、バタヤに多いのは、社会福祉上注目すべき点である。

3 来住事情

3.1 居住期間

居住期間は 合計では（表2）、3年以内の27.7％ がもつとも多く、これに5年以内の27.2％が匹敵し、ついで、1年以内20.1％、7年以内10.9％などで、ほとんど全部が15年以内、つまり戦後居住者である。地区全体としては、居住期間の短かいもの、すなわちさいきん来住者が多いが、このことは、地区の人口が減少化の傾向にあることから考えると、この地区の人口移動の激しいことを示す。

職業別には、バタヤの方がさいきん来住者の傾向が一そう強く、3年以内28.2％、1年以内、5年以内各26.1％となつており、3年以内で54％余を占めるが、「その他」では5年以内の28.2％がもつとも多く、ついで3年以内27.3％、1年以内、7年以内の各14.1％という割合である。バタヤも、さいきん減少化の傾向にあるから、以上の比率は、バタヤの移動のはげしいことを物語ろう。なお、この地区の人口の減少したことには、北鮮引き揚げも影響しているようである。

表2　居住期間

期間	バタヤ	その他	計
～1	24 26.1	13 14.1	37 20.1
～3	26 28.2	25 27.3	51 27.7
～5	24 26.1	26 28.2	50 27.2
～7	7 7.6	13 14.1	20 10.9
～9	3 3.3	7 7.6	10 5.4
～11	5 5.4	7 7.6	12 6.5
～13	2 2.2	1 1.1	3 1.6
13～	1 1.1		1 0.6
計	92 100	92 100	184 100

3.2 出身地

出身地は（表3）、合計では、地元の近畿（兵庫県も含める。）が32.7％でもつも多く、ついで九州22.5％、朝鮮16.8％、四国10.4％、中国8.7％などとなつ

ており、地元を中心に西日本に集中している。地元近畿の内訳は、兵庫県15.8%、その他の近畿地区16.9%であるが、その他の近畿地区では、大阪が31のうち22（70%）を占める。なお兵庫県のなかでは、尼崎市は29のうち6しかない。

職業別には、バタヤでは、地元近畿が34.6%と高いが、ついでは九州19.6%、四国、中部の各12%などであるのに対し、「その他」では、地元近畿が30.5%ついで九州25%、朝鮮23.9%となつており、バタヤと比べると、九州、朝鮮が目立つて多い。

表3　出　身　地

出身地	バタヤ	その他	計
兵　庫	11 (11.9)	18 (19.6)	29 (15.8)
近　畿	21 (22.7)	10 (10.9)	31 (16.9)
中　国	10 (10.9)	6 (6.5)	16 (8.7)
四　国	11 (12.0)	8 (8.7)	19 (10.4)
九　州	18 (19.6)	23 (25.0)	41 (22.5)
中　部	11 (12.0)	2 (2.1)	13 (7.1)
関　東	1 (1.1)	1 (1.1)	1 (0.6)
東　北	—	1 (1.1)	1 (0.6)
北海道		1 (1.1)	1 (0.6)
朝　鮮	9 (9.8)	22 (25.9)	31 (16.8)
計	92 (100)	92 (100)	184 (100)

3.3　前　住　地

前住地は、何度も転居しているものが多いが、ここでは、この地区に来住する直前の住所をとつた。それによると、合計では（表4）、地元の近畿（兵庫も含め）が70.7%を占め、ついで九州の15.3%となつている。地元近畿の内訳は、兵庫が51.6%で、その他は大阪がほとんどである。なお、兵庫のなかでは、文字通り地元の尼崎市が95のうち60（63%余）、すなわち、全体の約33%を占める。職業別には、とくに目立つのが、「その他」に九州が20.6%と高率を占める点で、それ以外ではあまり大きな比率差はない。以上要するに、この近辺に居住していて、何かの事情で、ここに退避したものが多いということである。

3.4　来　住　理　由

表4　前　身　地

前住地	バタヤ	その他	計
兵　庫	46 (50.0)	49 (53.3)	95 (51.6)
近　畿	21 (22.7)	14 (15.2)	35 (19.1)
中　国	4 (4.4)	5 (5.4)	9 (4.9)
四　国	7 (7.6)	3 (3.3)	10 (5.4)
九　州	9 (9.8)	19 (20.6)	28 (15.2)
中　部	3 (3.3)	1 (1.1)	4 (2.2)
関　東	2 (2.2)	1 (1.1)	3 (1.6)
東　北	—	—	—
北海道	—	—	—
朝　鮮	—	—	—
計	92 (100)	92 (100)	184 (100)

来住理由には、いろいろな要因が複合的に作用している場合が多いので、これを単一の基準で分類することは容易でない。すなわち、住民は、この地区以外で、そして大部分は現在の職業とは違つた職業に従事していたが、その場合問題なのは、彼らがなぜそれらの職業から離れ、そしてこの地区に来住したかということで、これには多種多様のケースがあり　しかもそれぞれが複雑なのである。このように困難な条件はあるが、あえて分類を試みると、まずここに来住したつては（1）親族や友人、知人の招きやすすめで来たもの（2）人づてにきいて来たもの（3）自分でみつけて来たもの、（4）その他（当局のすすめ）、などであり、このなかでは、(1) の形態がもつとも多い。次に、なぜここに来住したかについては、(1) 商売や事業に失敗したり、勤め先を失業したりして、生活に困り、住宅も手ばなして、ここに住宅と仕事を求めて来た。(2) 前の住宅から立ち退きを求められたが、他にいくところがなく、ここに来た。(3) 仕事の都合上ここが便利ということで来住した。(4) 火災で住居を失い、一時的にここに退避したが、そのまま住みついた。(5) 悪いことをして、ここに逃げ込んだ、などが指摘できる。このなかでは、やはり（1）の形態がもつとも多いが、なお、商売や事業の失敗あるいは勤め先の失業は、景気変動や勤め先の経済事情など、本人たちの責任外の事情によるものもあるが、多くは、本人たちのパースナルな欠陥、とくに、勝負事、酒、女、などに身を持ちくずしたり、怠惰などによるものである。そして、これに疾病や、傷

害などの条件が加わつた場合に、事態はもつとも深刻になる。

3．5　住民登録の有無

住民登録者の少ないことも、この地区の大きな特徴であるが、合計では、住民登録のあるものは65.2％、無いもの32.6％不明2．2％である。これをみると、約3分の1がしていないわけであるが、これを職業別にみると、バタヤでは、あるもの57.6％ないもの39.1％、不明3．3％であるが、「その他」では、あるもの72.8％、ないもの26.1％、不明1．1％で、バタヤがないがかなり高い。

4 地域活動と社会関係

4．1　地　域　活　動

この地区には、昭和34年5月までは「曙会」という町会があり、これがかなり活発な地域活動を行なつていた。しかし5月には利害関係の不一致から、内部分裂があり、いわば解体状態におちいつて、その後は有名無実の存在となり、今日にいたつている。さいきん、再出発の気運があるが、しこりはとけ難いようである。

しかし一応曙会の構成や活動をみると、まず、この会は、会長1、副会長1のもとに、11の組－うち1組は西宮市側にある－があり、事務所と有給の事務員をもつていた。町会活動は、保安、衛生、福祉、対外的接渉などを主に行なわれたが、とくに注目されるものとしては、1つは、保育事業である。これは、後述するところの「暁光会」との共同事業として行なわれたが、4坪たらずの保育所を仮設し、一時は23名もの幼児をあずかつたこともある。何分、共稼ぎが多いだけに、これが、親の職業活動の手助けになつていることはいうまでもない。なお、町会が有名無実の存在になつている今日では、この事業は暁光会の手で引きつがれている。2つは、就学斡旋の活動である。この地区には、34年3月までは、不就学ないし長欠児童が多く、一時は30名余りにも達したが、これを町会の婦人部が中心になつて当局に働きかけ、近くの小学校に集団入学せしめることに成功した。今日でも、この問題が生じているが、これは、一部の婦人が個別的に解決している。3つは、衛生活動である。この地区には、33年9月に伝染病（赤痢）が発生したが、この時には、町会が積極的に、当局の防疫活動に協力し、多くの効果を収めた。

かつては、盆踊りなどを開催して、住民のレクリエイションとしたが、今では、そ

うした活動も立ち消えになつている。

さいごにみのがすことのできないのは、前記の暁光会の活動であるが、これはカソリック系の宗教団体で、神戸市に本部があり、このほか大阪市西成区津守や吹田市に支部をもち、バタヤを生活資源として、活発な社会福祉活動を行なつている。それで、ここの場合は、前述の保育事業の他か、週一回の割合で診療所を開き、神戸万国病院の医師が来訪して、住民の診断治療に当たつている。これは住民の誰もがみてもらうことができる。

4．2　社　会　関　係

この場合の社会関係とは、地域の社会構造を形成するようなものをいうが、そうした観点から指摘できるのは、職場関係のそれで、とくに注目されるのは、ほかでもない、ヨセヤ親方とバタヤとの関係である。この関係は、本来は廃品の取引きという経済関係なのであるが、現実にはそれだけにはとどまらないで、一方的な従属関係にまで発展している。それは、バタヤが人間的に、経済的に、また社会関係的に、余りに無力で、生活上ヨセヤ親方に依存するところが余りにも大きいからである。すなわち、住宅とバタ車の貸与という基本的問題から、身体の工合でも悪ければ、生活費の前借りもできるのである。その上、新聞やラジオを親方の家で、読んだり聞いたりするとなれば、生活の一切は、親方とのつながりで成り立つことになる。ここにヨセヤの主人が親方としてたてまつられるいわれがある。これはやはり注目すべき問題である。

5 世帯主の属性

5．1　世帯主の年齢

世帯主の年齢は、合計では（表5）40代の30.4％がもつとも多く、ついで50代28.8％、30代25.6％などで、20代は5．4％と少ないが、60代以上は、10％に近く、一応の比率を示している。職業別には、バタヤでは、もつとも多いのは、40代の33.7％であるが、「その他」では50代の34．8％がもつとも多い。各年代ごとに、両者多少の差はあるが、全体としては30ないし50代で、85％前後を占める。

5.2. 人　　種

人種は、合計では、朝鮮人が31人（16.3%）みられ、あとは日本人であるが、職業別には、朝鮮人はバタヤよりも、むしろ「その他」に多く、バタヤ9人（9.8%）に対し、「その他」22人（23.9%）となつている。「その他」21人の内訳は、ヨセヤ、立ちんぼう、土工、工員などで、このうちヨセヤがもつとも多い。なお、日本人のなかには、沖縄人も含めてあるが、その数は3，4人を数えるのみで、職業は日雇である。

表5　　世帯主の年齢

年　齢	バタヤ	その他	計
20代	3 (3.3)	7 (7.6)	10 (5.4)
30代	27 (29.3)	20 (21.7)	47 (25.6)
40代	31 (33.7)	25 (27.2)	56 (30.4)
50代	21 (22.8)	32 (34.8)	53 (28.8)
60代	10 (10.9)	6 (6.5)	16 (8.7)
70代		2 (2.2)	2 (1.1)
計	92 (100)	92 (100)	184 (100)

5.3 前　職　業

この場合の前職業とは、現職業に従事する直前の職業をいうのであるが、合計では（表6）、もつとも多いのは、勤め人の40.4%であるが、ついで商工業14.6%、単純労働者14.1%、その他7.9%、農漁業7.3%などである。このうち、勤め人は、公務員は数えるほどしかなく、大部分は会社員で、そのなかでも工員、運転手、炭坑夫などが多い。また、雇用形態は、常傭と臨時傭とが相半ばしている。商工業も、家族経営的なものが大部分であるが、このことは、前職業は不安定な基礎の上にあつたことを示す。なお、職人や一部の職業のなかには転職がなく、最初からの職業をひきついでいるものがある。また、無職は、女世帯主の場合である。職業別には、とくに大きな比率差はないが、ただバタヤに勤め人や単純労働者が比較的に多い。

前職業に関連して、転職回数をみると、なかには8回や10回などというのもしばしばみられるが、5.60%は2回ないし3回であり、この傾向は、職業によつてあまり大きな差はない。

5.4 健 康 状 態

世帯主の健康状態は、合計では、普通が74%で、病弱が26%にも達している。病弱の内訳は、神経系統の他、心臓病,肝臓病、胃病があり、胸部疾患もかなりある。作業が作業だけに、こうした故障は、彼らの稼動能力に影響するところが大きい。職業別には、両者あまり変らないが、年齢層別には、年齢の高いものほど多い。

表6　　前　職　業

職　業	バタヤ	その他	計
農漁業	5 (5.4)	8 (9.3)	13 (7.3)
商工業	12 (13.1)	14 (16.3)	26 (14.6)
勤め人	40 (43.5)	32 (37.2)	72 (40.4)
職　人	3 (3.3)	5 (5.8)	8 (4.5)
単純労働者	15 (16.3)	10 (11.6)	25 (14.1)
その他	9 (9.8)	5 (5.8)	14 (7.9)
無　職	1 (1.0)	3 (3.5)	4 (2.2)
不　明	7 (7.6)	9 (10.5)	16 (9.0)
計	92 (100)	86 (100)	178 (100)

6 住生活状態

住生活機能の阻害は、この地区の大きな特徴である。まず、住居構造については、一口に仮小屋といつても種々なる段階があるが、この地区のも文字通り掘立て式のがほとんどである。基礎工事はもちろんなく、申訳に石を並べた程度で、床の高さもせいぜい一尺どまり、柱は杉材の二寸角、壁は板張り、屋根はルーフィング、杉皮、トタンなどである。窓も突き出し式のが、一つ、二つある程度で、とにかく全体的におよそ住宅らしい形はとつていない。住宅形式は、合計では、一戸建70.6%、長屋27.2%、間貸2.2%であり、一応一戸建が大部分を占める。職業別には、バタヤでは、一戸建58.7%、長屋40.2%間借1.1%であるが、「その他」では、一戸建82.6%、長屋14.1%、間借3.3%であり、バタヤの方が長屋の割合がいちじるしく高い。なお、階数については、全部が平家建であり、二階建は存在しない。

住空間については、まず、建坪は、全体では、なかには10坪以上もあることはあるが、大部分は3，4坪というところである。職業別には、バタヤの方が建坪の小さいものが多く、バタヤでは、大部分が2，3坪であるが「その他」では、4，5坪というのが多い。間数は、全体では、一間75．5％、二間以上24．5％であり、そしてこの二間以上というのは大部分が二間であるが、尼崎市全体では、一間は7．4％しかなく、その他は二間以上で、しかも三間以上が75％近くを占めるのであるから、この地区ははなはだしく過密居住の状態にある。職業別には、バタヤでは、一間88．1％、二間以上11．9％であるが、「その他」では、一間63．1％、二間以上36．9％であるから、バタヤの方が一間がいちじるしく多い。また、バタヤの方は二間以上といつても全部が二間であるが、「その他」には三間以上もかなりある。畳数は、合計では（表7）、3畳までが44．1％でもつとも多く、ついで6畳まで39．1％となつており、6畳までが都合83．2％と圧倒的部分を占める。一世帯当りの平均畳数は4．7畳、世帯員一人当りの平均畳数は1．44畳である。尼崎市全体では6畳まで6．9％、12畳まで36．7％で、その他は12畳以上であり、世帯員一人当たりの畳数も3畳以上であるから、これと比べると、この地区は、前述の間数の少ないことと合せ、いちじるしく過密居住の状態にあることが分る。職業別には、バタヤでは、3畳までが55.4％で大部分を占め、次いで6畳までが33.7％であり、一世帯当たり3.76畳、世帯員一人当たり1．36畳であるが、「その他」では、6畳までが44．6％でもつとも多く、ついで3畳まで32．6％で、一世帯当たり5.6畳、世帯員一人当たり1．54畳となつており、僅かながら「その他」の方が広い。

表7　畳　　数

畳　数	バタヤ	その他	計
畳 ～3	51 (55.4)	30 (32.6)	81 (44.1)
～6	31 (33.7)	41 (44.6)	72 (39.1)
～9	8 (8.7)	8 (8.7)	16 (8.7)
～12	2 (2.2)	8 (8.7)	10 (5.4)
12～	—	5 (5.4)	5 (2.7)
計	92 (100)	92 (100)	184 (100)
一世帯当たり平均	3.76	5.60	4.68
世帯員一人当たり平均	1.36	1.54	1.44

住宅の所有状況については、合計では、持家55．4％、借家42.4％不明2．2％であるが、尼崎市全体では、持家39．4％、借家60％であるから、これと比べると、この地区の方がかえつて持家の割合が多い。もつとももここは不法占拠地という特殊な条件の上にあるから、持家が多いといつても、あまり積極的な意味は存しない。職業別には、バタヤでは、持家35．9％、借家63％、不明1．1％であるが、「その他」では、持家

75％、借家21．7％、不明3．3％となつており、借家はバタヤに目立つて多い。このように、バタヤに借家が多いのは、バタヤが親方（ヨセヤ）の小屋に宿泊し、そこに回収品を収めているからで、こういう場合は、一般に家賃はとらないか、とつても極く僅かな額となつている。そこで、家賃や間代なみにと、バタヤでは、ここの場合も全部無料であるが「その他」では、借家20の内訳は無料12，有料5，未定3である。無料は、親方や親族や知人から借りている場合であるが、この場合親方とは、ヨセヤの店で働いているものが多い。有料5の内訳は、1，500円(2)　1，200円(1)，500円(2)　である。未定は友人や知人から借りているもので事実上無料にひとしい。なお、たいていのヨセヤは宿泊所をもつているが、多いのになると20余というのも2，3ある。

住居設備については、水道は全然なく、代りに井戸が利用されているが、井戸は全部で20カ所ほどで、専用はなく、一カ所だいたい10世帯の共用となつている。武庫川河川敷であるだけに、水量も豊富で、水質はまあまあというところである。光熱源は、いろいろな種類のものを併用しているが、主なものをみると（表8）、合計では、まきの59．3％がもつとも多く、ついで木炭コンロ19．0％、石油コンロ8．7％、プロパンガス6．5％となつている。職業別には、バタヤでは、まきが65．2％を占めついで木炭コンロ18．5％で、両者合わせると85％近くになるが、「その他」では、まきが53．3％、木炭コンロ19．5％、石油コンロ12％プロパンガス9．8％であり、「その他」の方がかなりよい。台所は、合計では、ありが26．6％、なしが44．6％、台所というべきかどうかはつきりしないもの28．8％という状態であるあるが、職業別には、バタヤでは、あり10．9％、なし48．9％、はつきりしないもの40．2％であるが、

表8，主な光熱源

種　類	バタヤ	その他	計
プロパンガス	3 (3.3)	9 (9.8)	12 (6.5)
石油コンロ	5 (5.4)	11 (12.0)	16 (8.7)
木炭コンロ	17 (18.5)	18 (19.5)	35 (19.0)
ま　き	60 (65.2)	49 (53.3)	109 (59.3)
不　明	7 (7.6)	5 (5.4)	12 (6.5)
計	92 (100)	92 (100)	164 (100)

「その他」では、あり42．4％、なし40．2％、はつきりしないもの17．4％で、やはりバタヤの設備状況がいちじるしく悪い。排水設備は、台所や便所とともに、公衆衛生に関係する重大な問題であるが、この地区の場合はとくに悪い。すなわち、合計では、完全なものは1．7％しかなく、不完全なものを加えても12％で、あとはほとんど野放しの状態である。職業別には、バタヤでは、野放しの状態が一層はなはだしく、ほとんど100％に近いが、「その他」では、不完全なものを加えると、一応できているものは、

22%を占める。

表9　排水設備

	バタヤ	その他	計
完全	0	3 (3.3)	3 (1.7)
不完全	2 (2.2)	17 (18.5)	19 (10.3)
はつきりしない	52 (56.5)	54 (58.7)	106 (57.6)
なし	38 (41.3)	18 (19.5)	56 (30.4)
計	92 (100)	92 (100)	184 (100)

なお、ここで完全なものとは、武庫川に流れ込むようにしつらえてあるものをいうのであるから、その点がまた公衆衛生上問題になる。ともかく養豚業なども介在しているだけに、汚水の野放し状態は、早急に解決すべき問題を含んでいる。便所は、水道と同様に専用はなく、20カ所前後あるだけで、それぞれ10世帯前後の共用となつている。なかには、便所とは名ばかりで、破れたむしろで囲つてあるだけのものも多い。処理の仕方は、一杯になれば、周囲の野原や武庫川に放棄するのであり、なかには土中にしみ込ませるところもある。電灯は、一ケ所あるだけで、他はガス灯1，でそれ以外は、石油ランプがほとんどである。ロウソクだけというのも僅かながらあるが、この場合は、必要に応じてともすだけで、あとはにわとり的生活をしている。

表9　家庭文化

品目	バタヤ	その他	計
電気洗濯機	0	0	0
食卓	58 (63.0)	71 (77.2)	129 (70.1)
みずや	25 (27.2)	45 (48.9)	70 (38.0)
たんす	8 (8.7)	27 (29.3)	35 (19.0)
アイロン	1 (1.1)	4 (4.3)	5 (2.7)
ミシン	3 (3.3)	7 (7.6)	10 (5.4)
下駄箱	9 (9.8)	19 (20.7)	28 (15.2)
扇風機	0	2 (2.2)	2 (1.1)
客布団	2 (2.2)	3 (3.3)	5 (2.7)
洋がさ	57 (62.0)	74 (80.4)	131 (71.2)
時計	41 (44.6)	59 (64.1)	100 (54.4)
囲碁	(1.1)	(1.1)	(1.1)
写真機	0	3 (3.3)	3 (1.6)
楽器	0	3 (3.3)	3 (1.6)
ラジオ	7 (7.6)	17 (18.5)	24 (13.0)
テレビ	0	1 (1.1)	1 (0.5)
新聞	8 (8.7)	17 (18.5)	25 (13.6)
定期雑誌	1 (1.1)	1 (1.1)	2 (1.1)
自転車	31 (33.7)	56 (60.9)	87 (47.3)

家庭備品並びに家庭文化については、表9にみられるとおりで、設備状況がいかに悪いかがうかがいしることができよう。合計で比較的に比率の高いのは、洋がさの71.2%をはじめとして食卓70.1%、時計54.4%、自転車47.3%、みずや38%などであるが、あとはいずれも20%以下の低率である。比較的比率の高いものでも、一般との比較ではおそらく低率であろうが、それ以外のものにいたつては、全く比較にも値しない。電気の無い関係で、不可避的に備えられないものもあるが、それにしても新聞の13.6%、定期雑誌の13%などは、まさしく最低の状態にある。しかし、これも職業別には、かなりの差があり、「その他」ではややましであるが、バタヤではははなはだしくみじめである。

このように、この地区の住生活状態はどれをみても最低の状態にある。

7　就業状況と生活水準

7・1　就業状況

この地区は、通称バタヤ部落といわれ、バタヤの多いのが指摘されている。調査の結果は、事実バタヤ関係が職業構成の中心をなし、バタヤ部落の名にふさわしい比率を占めているが、実際の職業はこれだけではなく、かなりのヴアライエテイをもつている。すなわち、合計では（表10）単純労働者の63.2%がもつとも多く、ついで勤め人13.2%、商工業11.6%などであり、単純労働者は目立つて多いが、この単純労働者とは、バタヤが70%近くを占め、残りが日雇労働者で、安定所関係のほか、立ちんぼうや手つだいさんもいる。勤め人は、公務員1、会社事務員5、工員21、運転手4、店員1などである。商工業は、ヨセヤ関係が19で、他にテンヤ4、行商人2、駄菓子屋2、露天商1である。職人は、大工がほとんどである。農漁業は、実際に農漁業をしているものではなく、養鶏、養豚業各2を便宜上分類したものである。その他は、高利貸1、間貸1、土木請負1、内職1、女中2である。

表10　住民の職業

職業	バタヤ				その他				家族地位			合計
	夫	妻	子女	計	夫	妻	子女	計	夫	妻	子女	
農漁業					2	2		4 (3.1)	2	2		4 (1.7)
商工業	3	1		4 (3.5)	14	5	5	24 (18.9)	17	6	5	28 (11.6)
勤め人	1		5	6 (5.2)	10	2	14	26 (20.5)	11	2	19	32 (13.2)
職人					7			7 (5.5)	7			7 (2.9)
単純労働者	87	16	1	104 (90.4)	40	7	2	49 (38.6)	127	23	3	153 (63.2)
その他					2	2	2	6 (2.7)	2	2	2	6 (2.5)
無職・不明	1	—	—	1 (0.9)	11	—	—	11 (8.7)	12	—	—	12 (4.9)
計	92	17	6	115 (100)	86	18	23	127 (100)	178	35	29	242 (100)

職業別にみるならば、バタヤでは、単純労働者が90.4%と圧倒的部分を占め、ついで勤め人5.2%、商工業3.5%であるが、この場合単純労働者とは、バタヤがほとんどで、日雇労働者は子女に1名あるだけである。勤め人は、子女に工員が5名

あり、他に若夫婦の夫に運転手１名ある。商工業は、４名ともにテンヤである。「その他」では、単純労働者の３８．６％がもつとも多く、ついで、勤め人２０．５％、商工業１８．９％、職人５．５％などとなつている。このうち単純労働者とは、日雇労働者関係（失対、立ちんぼう、土工、港湾労務者、手つだいなど）がほとんどで、拾いやは妻に１名あるだけである。勤め人は、公務員１、会社事務員５、工員１６、運転手３、店員１である。商工業は、ヨセヤ関係１９、あとは、露天商１、行商人２、駄菓子屋２である。職人は、大工がほとんどである。家族の地位別にみるならば、夫では、単純労働者が約７０％、商工業約１０％、勤め人約６％、無職・不明約７％であるが、妻では、有職者３５のうち２３が単純労働者であり、ついでは商工業の６である。これに対し、子女では、有職者２９のうち１９が勤め人であり、夫つまり父親の層とはかなり異なつた傾向を示す。

１世帯当たりの平均稼働人員をみるならば、合計では、１．２５人であるが、これは尼崎市全体の場合が、１．６人前後であるから、これと比較すると、この地区はかなり少ない。職業別には、バタヤでは、平均有業人員が１．２４人であるが、「その他」でも１．２６人であり、両者あまり変らない。

７．２ 生 活 水 準

この地区の生活水準は、表１１－Ａ，Ｂに示すとおりであるが、とにかくおそろしく低く、文字通りドン底の生活をしている。すなわち、地区全体では、収入は、１世帯当たり１０，８３７円、世帯員１人当たり３，４１７円、支出は、１世帯当たり11,115円、世帯員１人当たり３，４９４円であるが、これは尼崎市勤労者世帯の場合が、収入は、１世帯当たり２９，９８３円、世帯員１人当たり６，６６３円、支出は、１世帯当たり２４，８１３円、世帯員１人当たり５，４６３円であるのに比べると、収入で５１．３％、支出で６４％となつている。そして問題なのは、この地区の場合は、支出が収入を上回り、たえず赤字の生活をしている点で、この赤字は、バタヤは親方から、「その他」では勤め先や友人からの借金や掛け買いが多い。なお、要保護階層の基準を、かりに世帯員１人当たり３，０００円とすると、８１世帯、４４％が、それ以下の階層にある。したがつて、被保護世帯の割合も高く、現在２３世帯、１２．５％が受給している。もつとも、この数字は、要保護階層の多い割合には少ないが、これは親方などのインフォーマルな人間関係による保護があるためである。

次に、職業別にみると、バタヤよりも「その他」の方が生活水準はかなりよい。

表１１－Ａ　バタヤの収入と支出　（カッコ内が支出）

	1	2	3	4	5	6	7～	計
～ 3,000	5 (5)							5 (5)
～ 6,000	11 (10)	5 (6)	2 (1)					18 (17)
～ 9,000	10 (11)	11 (10)	3 (3)	4 (3)	6 (5)	1 (1)		35 (33)
～ 12,000	4 (4)	3 (3)	6 (6)	3 (3)	5 (6)	3 (2)	1 (1)	25 (20)
～ 15,000		1 (1)		1 (1)		(1)		1 (2)
～ 18,000						1 (1)		1 (2)
～ 21,000							1 (1)	1 (1)
～ 24,000								
24,000 ～							1 (1)	1 (1)
不 明			1 (1)	2 (2)	2 (2)			5 (5)
計	30 (30)	20 (20)	12 (12)	9 (9)	13 (13)	5 (5)	3 (3)	92 (92)
世帯員１人当たり収入	6,390	4,075	3,000	2,304	1,763	2,000	2,857	3,102
世帯員１人当たり支出	6,273	4,050	3,273	2,393	1,818	2,100	2,636	3,140

表１１－Ｂ　「その他」の収入と支出　（カッコ内が支出）

計	1	2	3	4	5	6	7 ～	計
～ 3,000	2 (2)							2 (2)
～ 6,000	3 (4)	3 (3)	3 (2)					9 (9)
～ 9,000	9 (8)	3 (3)	5 (5)	3 (2)	1 (1)			21 (19)
～ 12,000	2 (2)	2 (1)	3 (4)	6 (5)	2 (2)	3 (2)		18 (16)
～ 15,000		2 (2)	3 (3)	3 (4)	3 (2)	4 (5)	5 (4)	20 (20)
～ 18,000				3 (2)	1 (1)			4 (3)
～ 21,000		1 (2)	(1)	(2)	1 (2)	1 (2)	1 (2)	4 (11)
～ 24,000		1 (1)						1 (1)
24,000 ～			1 (1)	2 (2)	3 (3)	3 (3)		9 (9)
不 明	2 (2)		1			1		4 (2)
計	18 (18)	12 (12)	16 (16)	17 (17)	11 (11)	12 (12)	6 (6)	92 (92)
世帯員１人当たり収入	6,519	5,533	3,336	3,824	3,763	3,243	2,114	3,652
世帯員１人当たり支出	6,300	5,908	3,573	4,118	3,582	3,250	2,227	3,736

すなわち、バタヤでは、収入は、1世帯当り8,451円、世帯員1人当たり3,094円、支出は、1世帯当たり8,554円、世帯員1人当たり3,157円であるが、「その他」では、収入は、1世帯当たり13,195円、世帯員1人当たり3,652円、支出は、1世帯当たり13,590円、世帯員1人当たり3,736円となつており、世帯員1人当たりでは、10%余り「その他」の方が高い。これは、日雇などの職業はバタヤとあまり変らない収入であるが、ヨセヤなどが比較的高い収入があるからである。そして支出が収入を上回るのは、バタヤ、「その他」ともに同じであるが、たゞ注目されるのは、「その他」では世帯員の増加とともに、一世帯当たりの収入、支出が、それだけ増大するのに対し、バタヤではそれが余り増大しない点である。これは、バタヤの方は世帯主のバタヤ収入が中心であるが、これには限界があるのに対し、「その他」では、世帯主以外の世帯員収入がかなりあり、これが世帯員数の大きくなるにしたがい、増加するからである。なお、生活保護世帯の数は、バタヤでは15世帯、16.3%であるのに対し、「その他」では9世帯、9.8%であり、バタヤがはるかに高い比率である。なおまた、一言附け加えるなら、バタヤは、大阪や豊中まで、終日20キロ余りを拾集しても300円にもならないとかで、非常に割の悪いものとなつている。

8 家族生活と親族関係

8・1 家族生活

この地区の家族生活で問題なのは、婚姻関係に不適応現象が多いことである。不適応現象の意味を、離婚や死別や家出などによつて、結婚生活をまつとうできなかつたこととすると、合計では、男は52%、女は22%が不適応状態にある。この内訳は、男は不明が26%もあるので、はつきりしたことは分らないが、はつきりしているのは、離婚13%、死別13%である。この比率で、かりに不明の比率を按分すると、離婚、死亡はそれぞれ25%以上となる。なお、離婚のなかには、死別や離婚を繰り返えしているものが多く、もつとも多いのは6回である。死別も2度、3度と経験しているものがある。次に、女も、不明が13%もあるが、はつきりしているのは、離婚6%、死別8%となつており、男に比べると、不適応現象が少ない。

職業別には、バタヤでは、男は61.6%、女は21%が不適応状態にある。この内訳は、男は、不明が29%、離婚18%、死別14.6%であるが、女は、不明12%、

離婚7%、死別2%である。「その他」では、男は41%、女は23%が不適応状態にある。この内訳は、男は不明が22%、離婚12%、死別7%であるが、女は、不明9%、離婚3%、死別1.1%となつている。これをみても分るように、女は職業別に差はないが、男はバタヤの方が不適応現象の割合ははるかに高い。

家族員数は（表12）最大8人どまりで、もつとも多いのは、1人の26.1%、ついで2人の17.4%、3人15.2%、4人14.1%などの順であるが、1世帯当たりの平均は3.2人である。尼崎市全体では、4人の23.7%がもつとも多く、これに5人の23.3%が匹敵し、ついで3人16.7%、6人15.7%などで、1世帯当たりは4.5人であるから、これと比べると、この地区の家族員数はいちじるしく少ない。これは、基本的には、ひとりものが多いためであるが、なお、世帯年令が若く、子供の少ないことも影響している。職業別には、バタヤでは、最大7人どまりで、もつとも多いのは1人の32.6%、ついで2人21.7%、4人14.1%であり、1世帯当たりは2.8人となつているが、「その他」では、最大8人どまりで、1人の26.1%、2人17.4%、3人15.2%で、1世帯当たりは3.6人であり、バタヤよりも世帯員数がかなり多い。

表12　家族員数

員数	バタヤ	その他	計
1人	30 (32.6)	18 (19.6)	48 (26.1)
2	20 (21.7)	12 (13.0)	32 (17.4)
3	12 (13.0)	16 (17.4)	28 (15.2)
4	9 (9.8)	17 (18.5)	26 (14.1)
5	13 (14.1)	11 (12.0)	24 (13.0)
6	5 (5.5)	12 (13.0)	17 (9.5)
7	3 (3.3)	4 (4.3)	7 (3.8)
8		2 (2.2)	2 (1.1)
計	92 (100)	92 (100)	184 (100)
1世帯当たり	2.8	3.6	3.2

家族形態は、合計では（表13）核心家族58.7%、ひとりもの26.1%、欠損家族11.4%、拡大家族3.8%で、拡大家族が目立つて少なく、ひとりものが多い。一般には、拡大家族はもつと多いのであるから、このことは、逆にいえば、拡大家族でここに転落して来るのは、余程の事情をもつものであることを示すであろう。ひとりものは、女は数えるほどしかなく、ほとんどが男である。また、ひとりものは、未婚者は6名あるだけで、他の全部が結婚経験者である。欠損家族は、母子世帯は4世帯しかなく、他は父子家族である。なお、

職業別には、「その他」には、バタヤよりも、ひとりものが少ないが、代わりに、拡大家族や欠損家族が多い。

表13　家族形態

形　態	バタヤ	その他	計
ひとりもの	30 (32.6)	18 (19.6)	48 (26.1
核心家族	53 (57.6)	55 (59.8)	108 (58.7
拡大家族	2 (2.2)	5 (5.4)	7 (3.8
欠損家族	7 (7.6)	14 (15.2)	21 (11.4
計	92 (100)	92 (100)	184 (100)

8・2　親族関係

親族関係については、世帯主の親、兄弟姉妹、子女―ただし独立の世帯をもつものだけ―について、その数、居住地、職業、つき合いの有無などを調査したが、まず、その数は、合計では、これらの親族を全然もたないものが30％ほどあるが、あとは何程かの親族があり、その内訳は、親42、兄弟姉妹218、子女46で、計306となり、一世帯当たりの平均は、親0.23、兄弟姉妹1.18、子女0.25の計1.66である。居住地は、地元の兵庫県が33％でもっとも多く、ついで大阪を中心とした近畿が21％、九州15％、四国、中部の各6％などの順であるが、朝鮮も5％足らずみられる。職業は、不明が20％もあるので問題はあるが、もっとも多いのは、商工業や勤め人の各17％、ついで農漁業と無職の各16％、その他の職業の6％余、単純労務者の5％余などである。つき合いの有無は、全部では36％がつき合いなしであるが、これを親族別にみると、親は38％、兄弟姉妹は40％、子女は13％が、それぞれつき合いなしであり、さすがに子女がもっとも少ない。

職業別には、バタヤでは、親族の数は、親21、兄弟姉妹100、子女18で、計139で、1世帯当たりは1.5人である。なお、これらの親族を全然もたないものは23である。親族の居住地は、兵庫県28％、近畿21％、九州18％、不明10％などである。職業は、不明が25％余もあるが、もっとも多いのは、商工業の20％、ついで無職18％、勤め人15％、農漁業11％、その他8％などである。問題はつき合い程度であるが、合計では、54％余がつき合いがなく、その内訳は、親61.9％、兄弟姉妹60％、子女16.7％が、つき合いなしとなっている。最近親の親族でありながら、これほどにつき合いのないものの多いのは問題である。「その他」では、親族の数は、親21、兄弟姉妹119、子女27で、計167であり1世帯当たりは1.8人である。なお、これらの親族の全然ないものは23である。居住地は、兵庫県が36％、近畿22％、九州12％、朝鮮や国外の各7％、四国6％などである。

職業は、農漁業の21％がもっとも多く、ついで、勤め人18％、商工業14％、不明13％、無職12％、単純労務者7％などである。つき合いは、合計では、つき合いのないものは、20％で、その内訳は、親14.3％、兄弟姉妹22.5％、子女11％が、つき合いなしである。これをみると、「その他」の方が、親族の数も多く、居住地も地元が多く、職業も農漁業、勤め人など安定しているものが多く、また、つき合いのないものは少ない。

9　余暇生活

ここに余暇生活とは、人びとが職業活動およびそれに関連した活動に費やす時間以外で、睡眠に費やす時間を除いた部分の生活とすると、そのようなものとしては、交際関係、文化教養生活、娯楽活動、スポーツ、趣味嗜好生活、信仰生活、家族団らんなどがあげられる。これらはもちろん現実には相関連し、重複している場合が多いが、このような観点からみるとき、この地区の余暇生活は、いちじるしく解体し、偏奇している。まず、交際関係では、親族関係はすでに指摘したようにつき合いは低調であるし、友人、知人関係は、以前のつき合いは断絶しているものが大部分で、現在は、この地区内の職場同僚の間に、近隣づき合いに交錯しながら存在しているにすぎない。近隣関係は、彼らの余暇生活の大きな側面であると思うが、冬はひなたぼっこをしながらまた夏は夕涼みをしながら、よも山話に時をすごしている光景は、この地区に一般的である。もっともなかには全く孤立的な生活をしている変りものもないことはないが、しかしそれらは一部分である。文化教養生活は、ラジオ、新聞、雑誌などの聴取、購読率も低調であるし（表9）機能集団活動への参加はほとんどなく、あるものは稍々、娯楽的活動の意味をもった映画鑑賞だけで、これは、世帯主では、約50％（87）が月に何回かの鑑賞を行なっている。その内訳は、月2回が30名でもっとも多く、ついで1回27名、3回11名、4回以上15で、月1回にみたないものも4名いる。職業別には、両者あまり変らない。娯楽は、映画を除けば、碁、将棋などの備え付けもあるわけでないから、次の趣味生活とともに低調を極めている。

信仰生活は、暁光会の会員（10世帯前後）が僅かながらあるが、あとは無きに等しい。家族団らんも現在の生活条件のもとでは、ほとんどとるに足らない。ただ、問題になるのは、酒にうさを晴らし、また、これが彼らの楽しみにもなっている点で、たとえば、表14にみられるように、彼らは、収入が少ないにもかかわらず、毎日飲酒しているものがかなり多く、合計では、51.1％となっている。そのなかみは、1，2合が大部分であるが、五合以上も多少ともある。酒といつても、ほとんどはドブ酒であるが、彼らのなかには、これが唯一の楽しみというのもある。なお、五合以上というのは、ほとんどがアル中で、彼らは余り仕事にはならず、朝から晩まで酒に酔いくれて、だれ彼となくくだをまいている。

表14　飲　酒

飲　酒	バタヤ	その他	計
の　む	50 (54.3)	44 (47.8)	94 (51.1)
1日1合以内	2	3	5
1合	16	22	38
2合	14	7	21
3合	10	6	16
4合	2		2
5合以上	6	6	12
のまない	40 (43.5)	43 (46.7)	83 (45.1)
不　明	2 (2.2)	5 (5.5)	7 (3.8)
計	92 (100)	92 (100)	184 (100)

たばこは、合計では、142名、80％余が、これをたしなむが、その内訳は、約10本、約20本の各55名がもつとも多く、ついで約5本13名、約15本11名、約30本7名で、職業別には、バタヤ75％、「その他」84％であり、「その他」の方がやや多い。

10　社会制度利用状況

まず、貯金は、全部で18世帯（9.8％）しかしていないが、その内訳は、バタヤ13世帯、「その他」5世帯で、バタヤの方が多い。生命保険は、掛けているもの10世帯で、バタヤ3世帯、「その他」7世帯である。健康保険は、一切を含めて、51世帯（28.8％）が加入となつており、そのなかでは、日雇労働者健康保険が約20世帯で、その他は、国民健康保険と一般勤労者健康保険である。しかしとにかく70％以上が未加入であることは大きな問題である。

市民病院や診療所の利用者は、全部で23世帯（12.5％）で、バタヤ11世帯、「その他」が12世帯であるが、利用度は低い。注目されるのは、質屋の利用度で、全部で30世帯（16.3％）あるが、その内訳は、バタヤ9世帯、「その他」21世帯で、「その他」がはるかに多い。

11　む　す　び

以上の考察から、問題点を要約しよう。

(1)　1口にバラック居住者といつても、ここには、バタヤを中心に、日雇労働者など、多

様の職種がみられる。

(2)　人口は、性別には、男がかなり多いが、年令層別には、低年令層のものが多く、深刻な要保護問題を発生している。

(3)　この地区は、全体として減少化の方向にあるが、さいきんの来住者が多く、移動がはげしい。来住の理由は、失業したり、事業に失敗したりして、生活に困つたものが大部分である。住民登録はもたないものが、かなりあり、この面からも生活機能の阻害をおこしている。

(4)　人種的に朝鮮人の多いことは、今後の対策活動に複雑さをもたらそう。とくに朝鮮人にヨセヤの多いことは、バタヤとの関連において、問題の焦点の一つをなす。

(5)　住生活状態は、最低の状態にあり、いわば原始的生活を営んでいるといつても過言ではない。電灯のないことは、児童の勉学にも悪い影響をあたえている。

(6)　生活程度は、職業活動の劣悪さと相まつて、文字通り最低であり、要保護的状態にあるものが多い。

(7)　親族関係の解体しているものが多く、親、兄弟姉妹、子女という最近親の親族とつき合いを絶つているものが大部分である。また、夫婦関係に失敗しているものが目立つている。

市民生活調査表

尼崎市社会保障審議会
（1960．3）

世帯主氏名＿＿＿＿＿＿＿＿

Ⅰ 居住関係
1. 現在地居住期間＿＿＿＿＿ 2. 前住地＿＿＿＿＿
3. 現在地来住理由＿＿＿＿＿
4. 初めて世帯をもつた場所＿＿＿＿＿
5. 世帯をもつてからの転居回数＿＿＿＿回
6. 住民登録の有無　イ．あり　ロ．なし

Ⅱ 住居状況
1. 住宅型式　イ．一戸建　ロ．長屋（　軒）　ハ．間借
2. 階数　イ．平家　ロ．二階建
3. 住空間　イ．建坪＿＿＿＿坪
　ロ．間数＿＿＿＿間
　ハ．畳数＿＿＿＿
4. 住居所有　イ．持家　ロ．借家（家賃：間代＿＿＿＿）
5. 住居設備
　イ．水道　a．専用　b．共用（　軒）　c．その他（　）
　ロ．光熱　（プロパンガス、石油コンロ、木炭コンロ、その他＿＿＿＿）
　ハ．台所　a．あり　b．なし
　ニ．排水設備　a．完全　b．不完全　c．なし
　ホ．電灯　a．あり（　灯）　b．なし（　）

Ⅲ 家庭文化

自転車	ラジオ	テレビ	新聞	定期雑誌	楽器	写真機	囲碁将棋	時計	ミシン	アイロン	たんす	みづや	下駄箱	食卓	洋がさ	洗濯機	扇風機	客ぶとん

Ⅳ 社会制度

	貯金	生命保険	日雇健康保険	共済組合	健康保険	市民保険	たのもし	社会保険その他の	保育所	診療所	市民病院	質屋	母子福祉資金	世帯更生資金	育英資金
利用している															
利用したい															

Ⅴ 家族状況

続柄	世帯主								
満年令									
出生地									
教育程度									
婚姻回数									
届出有無									
現職業									
就業回数									
前職業									
内職									
健康状態									

Ⅵ 親族状況――世帯を別にしている、世帯主の親兄弟姉妹、子女について

	親	兄弟姉妹					子女		
居住地									
教育程度									
職業									
つき合い									

Ⅶ 地元生活

1 近隣づき合い イ．お料理をやりとりするお家＿＿＿＿＿軒
ロ．お金や物を貸し借りするお家＿＿＿＿＿軒

2 地域集団と機能集団
イ．お宅の属している町の団体名 ①＿＿＿＿＿ ②＿＿＿＿＿ ③＿＿＿＿＿
ロ．お宅の誰かの属している集団名 ①＿＿＿＿＿ ②＿＿＿＿＿ ③＿＿＿＿＿

Ⅷ 生活費

1 毎月の平均世帯収入＿＿＿＿＿円 内訳（労働収入、事業収入、地代家賃、利子収入、恩給年金、親族仕送り、保険費、その他（　））

2 毎月の平均世帯支出＿＿＿＿＿円（飲食費　）

3 赤字の有無 イ．なし ロ．あり（＿＿＿＿＿）

飛田雄一編『武庫川と朝鮮人』（2025.2.11、『資料集』（１）とする）

目次・再録

1.　飛田講演レジメ（再録）　２頁
2.　中京煥君を支える会『中京煥裁判・証言集・第１集』（1977.4）金泰浩、井熊一郎証言　３頁
3.　飛田「1961 年、武庫川河川敷の強制代執行」（『むくげ通信』102 号、1987.5.31、飛田『心に刻み、石に刻む一在日コリアンと私』（三一書房 2016.11）に収録）　２２頁
4.　堀内稔「新聞記事に見る武庫川改修工事と朝鮮人」（153 号、1995.11.26）　２８頁
5.　「さむるのり らいぶ いん むこがわ」（1987）冊子　３３頁
6.　鄭鴻永「鉄道トンネルから地下工場まで一兵庫県下のトンネルに埋められた朝鮮人の足跡」（ひょうご部落解放・人権研究所『ひょうご部落解放』1993.1）　４３頁
7.　鄭鴻永『歌劇の街のもうひとつの歴史一宝塚と朝鮮人』（神戸学生青年センター、1997.1）抜粋（３編）　４７頁
8.　近藤富男「福知山線工事」、太田光一「武庫川改修工事と朝鮮人」（『兵庫のなかの朝鮮一歩いて知る朝鮮と日本の歴史』（明石書店、2001）、　７５頁
9.　飛田「武庫川改修工事と朝鮮人」（ひょうご部落解放・人権研究所『人権歴史マップ・阪神版』2008.12）　８２頁
10.　孫敏男「武庫川河川敷生活物語」（2019.3.5 むくげの会ゲストディ）　８３頁
11.　新聞記事、神戸新聞 2022.4.19（韓国より表彰）　８９頁

神戸学生青年センター出版部・出版案内　2025.2

＜ブックレット＞

飛田雄一編
資料集「武庫川と朝鮮人」
2025.2　B5　90 頁　1000 円

成川順
南京事件フォト紀行
2011.12　A4　96 頁　560 円

宮内陽子
生徒と学ぶ戦争と平和
2011.12　A4　80 頁　560 円

浄慶耕造
国産大豆で、醤油づくり
2010.12　A4　24 頁　320 円

大森あい
自給自足の山村暮らし
2009.4　A4　36 頁　320 円

竹内康人編
朝鮮人強制労働企業 現在名一覧
2012.2　A4　26 頁　240 円

高作正博著・「高作先生と学ぶ会」編
ブックレット・高作先生と学ぶ会 NO.1
「2017 年通常国会における改憲論議―転換点としての 5 月 3 日」
2018.1　A5　56 頁　500 円

飛田雄一著
阪神淡路大震災、そのとき、外国人は？
2019.7　ISBN978-4-906460-50-2　B5　58 頁　410 円

神戸港における戦時下朝鮮人・中国人強制連行を調査する会編
＜資料集＞アジア・太平洋戦争下の「敵国」民間人抑留―神戸の場合―
2022.4　ISBN978-4-906460-62-5　A4　56 頁　600 円

松田妙子著/西本千恵子・飛田雄一編
松田妙子エッセイ集(改訂版)「いつか真珠の輝き」
2023.4　ISBN978-4-906460-67-0　B5　123 頁　800 円

藤井裕行著
歴史の闇に葬られた手話と口話
関東大震災下で起きた「ろう者」惨殺の史実を追う
2023.10　ISBN978-4-906460-69-4　B5　56 頁　600 円

神戸学生青年センター朝鮮語講座
ブックレット①
ハンサルリム宣言(品切)　B5　28 頁　100 円

在日朝鮮人運動史研究会関西部会編
シンポジウム＜在日朝鮮人史研究の現段階＞資料集(品切)
B5　52 頁　300 円

神戸学生青年センター編
11・27神戸朝鮮人生活権擁護闘争・資料集(品切)
B5　31 頁　300 円

ブックレット版はいずれも送料 250 円をあわせてご送金ください

●

梶村秀樹　解放後の在日朝鮮人運動
1980.7　ISBN978-4-906460-51-9　A5　103 頁　600 円

金慶海・洪祥進・梁永厚
在日朝鮮人の民族教育(品切)　A5　89 頁　600 円

中塚明・朝鮮語講座上級グループ
教科書検定と朝鮮(品切)　B5　148 頁　800 円

田中宏・山本冬彦
現在の在日朝鮮人問題(品切)　A5　94 頁　500 円

新美隆・小川雅由・佐藤信行他
指紋制度を問う―歴史・実態・闘いの記録―(品切)
A5　200 頁　900 円

梁泰昊
サラム宣言―指紋押捺拒否裁判意見陳述―
1987.7　ISBN978-4-906460-58-8　A5　92 頁　500 円

仲村修・韓丘庸・しかたしん
児童文学と朝鮮
1989.2　ISBN978-4-906460-55-7　A5　216 頁　1100 円

朴慶植・水野直樹・内海愛子・高崎宗司
天皇制と朝鮮
1989.11　ISBN978-4-906460-59-5　A5　170 頁　1200 円

金英達・飛田雄一編
1990 朝鮮人・中国人強制連行強制労働資料集(簡易製本版)
1990.8　B5　80 頁　400 円

金英達・飛田雄一編
1991 朝鮮人・中国人強制連行強制労働資料集(品切)
1991.7　B5　209 頁　1100 円

金英達・飛田雄一編
1992 朝鮮人・中国人強制連行強制労働資料集
1992.7　ISBN978-4-906460-61-8　B5　272 頁　1400 円

金英達・飛田雄一編
1993 朝鮮人・中国人強制連行強制労働資料集(品切)
1993.7　B5　315 頁　1600 円

金英達・飛田雄一編
1994 朝鮮人・中国人強制連行強制労働資料集
1994.7　ISBN978-4-906460-26-7　B5　290 頁　1600 円

金英達編
朝鮮人従軍慰安婦・女子挺身隊資料集
1992.7　ISBN978-4-906460-60-1　B5　215 頁　1100 円

仲原良二編
国際都市の異邦人・神戸市職員採用国籍差別違憲訴訟の記録(品切)
B5　192 頁　1800 円

朴慶植・張錠寿・梁永厚・姜在彦
体験で語る解放後の在日朝鮮人運動
1989.10　ISBN978-4-906460-53-3　A5　210 頁　1500 円

キリスト教学校教育同盟関西地区国際交流委員会編
日韓の歴史教科書を読み直す―新しい相互理解を求めて―(品切)
A5　199 頁　2190 円

キリスト教学校教育同盟関西地区国際交流委員会編
【日韓合本版】日韓の歴史教科書を読み直す―新しい相互理解を求めて―
2003.12　ISBN978-4-906460-41-0　A5　427 頁　2500 円

韓国基督教歴史研究所著・信長正義訳
3・1独立運動と堤岩里教会事件
1998.5　ISBN978-4-906460-34-2　四六　252 頁　1800 円

金乙星
アボジの履歴書
1997.10　ISBN978-4-906460-33-5　A5　134 頁　2000 円

八幡明彦編
＜未完＞年表日本と朝鮮のキリスト教 100 年(品切)
B5　146 頁　1600 円
(簡易製本版)　B5　146 頁　1000 円

鄭鴻永
歌劇の街のもうひとつの歴史―宝塚と朝鮮人
1997.1　ISBN978-4-906460-30-4　A5　265 頁　1800 円

和田春樹・水野直樹
朝鮮近現代史における金日成
1996.8　ISBN978-4-906460-29-8　A5　108 頁　1000 円

兵庫朝鮮関係研究会・編著
在日朝鮮人 90 年の軌跡－続・兵庫と朝鮮人－
1993.12　ISBN978-4-906460-23-6　B5　310 頁　2300 円

飛田雄一（ひだ　ゆういち、hida@ksyc.jp）
1950 年神戸市生まれ。神戸学生青年センター理事長、強制動員真相究明ネットワーク共同代表、むくげの会会員。著書に、『心に刻み、石に刻む―在日コリアンと私』、『再論 朝鮮人強制連行』、『極私的エッセイ―コロナと向き合いながら』など。

9784906460748

1920036010004

資料集「武庫川と朝鮮人」（2）

2025 年 3 月 31 日　第 1 刷発行
編者　飛田雄一
発行　公益財団法人 神戸学生青年センター
　〒657-0051 神戸市灘区八幡町 4-9-22
　TEL 078-891-3018 FAX 078-891-3019
　URL　https://www.ksyc.jp　e-mail　info@ksyc.jp
印刷　神戸学生青年センター（簡易印刷）
定価　１１００円（本体１０００円+税）

ISBN978-4-906460-74-8 C0036 ¥1000E